Plus de 30 tests pour se préparer et réussir !
2e année FRANÇAIS

Colette Laberge

Plus de 30 tests pour se préparer et réussir !

2e année FRANÇAIS

CAR ACT ÈRE

Illustrations : Agathe Bray-Bourret et Julien Del Busso
Conception graphique et mise en pages : Folio infographie
Couverture : Cyclone Design
Illustration de la couverture : EyeWire Images
Corrections d'épreuves : Audrey Faille

Imprimé au Canada

ISBN 978-2-923351-98-8

Dépôt légal – Bibliothèque et Archives nationales du Québec, 2007

© 2007 Éditions Caractère inc.
4e impression

Canada

Visitez le site des Éditions Caractère
editionscaractere.com

TABLE DES MATIÈRES

Plus de 30 tests pour se préparer et réussir est un ouvrage qui s'adresse aux parents qui veulent aider leurs enfants à progresser dans leur cheminement scolaire. Ce livre vise à tester les connaissances de votre enfant et à vérifier quelles notions sont bien apprises et lesquelles nécessitent un peu plus de travail.

Nous avons divisé le livre en 16 sections qui couvrent l'essentiel du Programme de formation de l'école québécoise. Votre enfant pourra ainsi revoir à fond la majorité des notions apprises au courant de l'année scolaire. Vous n'avez pas à suivre l'ordre des sections. Vous pouvez travailler les sujets selon ce que votre enfant a déjà vu en classe.

Le principe est simple : un premier test portant sur une notion spécifique vous donnera une idée de ce que votre enfant connaît et des éléments qu'il ou elle doit travailler. Si le premier test est réussi, le test suivant, qui porte sur un autre sujet, peut alors être entamé. Si vous voyez qu'il ou elle éprouve quelques difficultés, une série d'exercices lui permettra d'acquérir les savoirs essentiels du Programme du ministère de l'Éducation, du Loisir et du Sport. Un deuxième test est donné après la première série d'exercices dans le but de vérifier la compréhension des notions chez votre jeune. Si ce test est réussi, le test suivant devient alors son prochain défi, sinon, une autre série d'exercices lui permettra de s'exercer encore un peu plus. Chacun des 16 chapitres de cet ouvrage est ainsi divisé.

Les exercices proposés sont variés et stimulants. Ils favorisent une démarche active de la part de votre enfant dans son processus d'apprentissage et s'inscrivent dans la philosophie du Programme de formation de l'école québécoise.

Cet ouvrage vous donnera un portrait global des connaissances de votre enfant et vous permettra de l'accompagner dans son cheminement scolaire.

Bons tests !

Colette Laberge

1. Recopie les mots suivants en lettres cursives.

abaque	_____	nourrisson	_____
bonbon	_____	orange	_____
caracoler	_____	papa	_____
déjeuner	_____	quoi	_____
école	_____	rester	_____
fanfare	_____	saucisse	_____
girafe	_____	tutu	_____
hélice	_____	usine	_____
île	_____	vache	_____
jaguar	_____	wagon	_____
koala	_____	xylophone	_____
leçon	_____	yack	_____
maman	_____	zèbre	_____

2. Recopie les lettres suivantes en lettres cursives :

a_____ b_____ c_____ d_____ e_____ f_____ g_____

h_____ i_____ j_____ k_____ l_____ m_____ n_____

o_____ p_____ q_____ r_____ s_____ t_____ u_____

v_____ w_____ x_____ y_____ z_____

Test

1. **Recopie les lettres de l'alphabet. N'oublie pas qu'il faut écrire entre les trottoirs.**

a

b

c

d

e

f

g

h

Exercices

i

j

k

l

m

n

o

p

q

Exercices

r

s

t

u

v

w

x

y

z

Exercices

1. Recopie le poème suivant en lettres cursives.

Le poète est penché sur les berceaux qui tremblent ;

_____

_____

Il leur parle, il leur dit tout bas de tendres choses,

_____

_____

Il est leur amoureux, et ses chansons ressemblent aux roses.

_____

_____

Sur le berceau, Victor Hugo

2. Complète les phrases en lettres cursives en utilisant les mots de la banque.

Les moustiques	**Un violent orage**	**réfugiés dans la voiture.**
L'eau	**Mario et Maria**	**De gros nuages**

_____ sont partis en camping.

_____ les piquaient sans arrêt.

_____ sont apparus dans le ciel.

_____ a éclaté.

_____ s'est infiltrée dans la tente.

Maria et Mario se sont _____ .

3. Écris les nombres en lettres cursives.

zéro _____	treize _____
un _____	quatorze _____
deux _____	quinze _____
trois _____	seize _____
quatre _____	dix-sept _____
cinq _____	dix-huit _____
six _____	dix-neuf _____
sept _____	vingt _____
huit _____	trente _____
neuf _____	quarante _____
dix _____	cinquante _____
onze _____	soixante _____
douze _____	soixante-dix _____

Exercices

4. Recopie en lettres cursives les mois de l'année.

janvier _____   juillet _____

février _____   août _____

mars _____   septembre _____

avril _____   octobre _____

mai _____   novembre _____

juin _____   décembre _____

5. Recopie en lettres cursives les jours de la semaine.

lundi _____   mardi _____

mercredi _____   jeudi _____

vendredi _____   samedi _____

dimanche _____

6. Écris le prénom de tes amis.

Garçons   Filles

_____   _____

_____   _____

_____   _____

_____   _____

_____   _____

Exercices

7. Écris, en lettres cursives, des mots qui commencent par chacune
   des lettres de l'alphabet.

a _____   n _____

b _____   o _____

c _____   p _____

d _____   q _____

e _____   r _____

f _____   s _____

g _____   t _____

h _____   u _____

i _____   v _____

j _____   w _____

k _____   x _____

l _____   y _____

m _____   z _____

Exercices

1. **Complète les mots suivants en utilisant *o*, *au* ou *eau*.**

a) cout_____   b) g_____che   c) domin_____

2. **Complète les mots suivants en utilisant *an* ou *en*.**

a) _____veloppe   b) dim_____che

3. **Complète les mots suivants en utilisant *qu*, *k*, *c* ou *ch*.**

a) _____omique   b) _____imono   c) jon_____ille   d) _____orale

4. **Complète les mots suivants en utilisant *c*, *s*, *ç* ou *t*.**

a) _____ouris   b) alimenta_____ion   c) prin_____e   d) su_____on

5. **Complète les mots suivants en utilisant *i*, *it*, *ie* ou *y*.**

a) hab_____   b) acrobat_____   c) cer_____se   d) s_____llabe

6. **Complète les mots suivants en utilisant *g* ou *j*.**

a) _____ardin   b) _____ens

Test

1. Complète les mots avec o, ô, *au* ou *eau*.

Momo le cheval s'est enfui au gal_____p pour aller rejoindre son jum_____

qui broute près du ruiss_____. Un ois_____ est perché sur son ép_____le et

lui pic_____re la p_____.

Les deux frères ont ch_____d. Ils s_____tent par-dessus la barrière et vont

rejoindre le taur_____, le s_____mon r_____se et l'agn_____ qui se

rafraîchissent dans l'_____. Vite, il faut rentrer, un _____rage appr_____che.

Aussit_____t, ils se sauvent au tr_____t pour se mettre à l'abri au chât_____.

2. Complète les mots avec *qu, c, k,* ou *ch*.

Lors_____e je porte mon _____imono orné de _____rysanthèmes pour aller

à l'é_____ole, mes amies sont vraiment impressionnées. Mais ce n'est rien en

_____omparaison du fils du _____apitaine qui porte un tri_____orne de

_____ouleur _____a_____i. _____el style !

3. Encercle les mots qui commencent par *ch* qui se prononcent comme *k*.

    chorale   cheval   chanson   chœur   chronomètre   chapeau   château

Exercices

4. Recopie les mots soulignés dans la bonne colonne du tableau ci-dessous.

La fée des <u>dents</u> est venue visiter ma <u>tante</u> <u>durant</u> la nuit. La fée fut très surprise, en ce <u>dimanche</u> de <u>janvier</u>, de trouver une lettre dans une <u>enveloppe</u> <u>blanche</u> qui disait :

Chère fée des <u>dents</u>,
Mon neveu est <u>absent</u>, il <u>s'ennuyait</u> de sa <u>maman</u>, il est donc <u>rentré</u> à la maison. Peux-tu laisser <u>cent</u> sous dans la poche du <u>pantalon</u> <u>orange</u> qui est dans la <u>penderie</u> ? Quand je reverrai mon neveu <u>pendant</u> les <u>vacances</u>, je lui remettrai <u>l'argent</u>.

Merci <u>infiniment</u>,

<u>Francine</u>

An	En

5. Complète la phrase à l'aide des mots suivants.

cerf-volant   reçu   ciel

J'ai _____ en cadeau un _____ qui vole haut

dans le _____ .

6. Écris chaque mot de la banque de mots à côté de sa définition.

　　　lys　habit　hygiéniste　pharmacie　gris　améthyste　lit

a) Elle assiste le dentiste dans ses tâches : _____

b) Synonyme de *vêtement* : _____

c) Meuble sur lequel tu dors : _____

d) Pierre précieuse : _____

e) Fleur : _____

f) Couleur : _____

g) Endroit où l'on achète des médicaments : _____

7. Complète les mots en ajoutant *g* ou *j*.

J'étais à la pla_____e pour ramasser des coquilla_____es quand tout à coup,

_____'ai eu mal aux _____ambes et aux _____enoux. Alors, pour changer le

mal de place, _____'ai décidé de na_____er. Tout à coup, _____'aperçois

mon père qui sillonne la pla_____e au volant de sa _____eep _____aune.

_____e saute dans le véhicule re_____oindre mon chien qui _____appe de

_____oie. Nous allons au villa_____e man_____er un morceau de

froma_____e accompagné d'une oran_____eade.

Exercices

1. Encercle l'intrus.

octobre   olive   grosse   volcan   panneau   dormir   école

2. Les mots qui contiennent le son *an* sont écrits avec des fautes. Recopie-les correctement.

a) éléphent _____   b) dant _____

c) mantir _____   d) ancore _____

e) chenter _____   f) jenvier _____

3. Écris deux mots qui contiennent la lettre *k*.

_____

_____

4. Encercle l'intrus.

silence   voici   français   concombre   définition   action   maçon

5. Complète les mots en utilisant *i* ou *y*.

a) sour____re   b) b____c____clette   c)   rall____e

d) sour____s   e) gr____s

6. Écris deux mots qui commencent par *j*.

_____

_____

1. Trouve les mots suivants dans la grille. Écris les lettres qui restent pour découvrir le mot mystère.

auto	olive
boa	orage
doré	robinet
galop	roses

r	o	b	i	n	e	t	o
o	r	g	a	l	o	p	l
s	a	d	o	r	e	j	i
e	g	o	b	o	a	l	v
s	e	i	a	u	t	o	e

Mot mystère : —   — —   —

2. Écris chaque mot de la banque de mots à côté de sa définition.

océan   mandarine   janvier   menton   dimanche   piment

a) Légume très piquant : _____

b) Partie du corps : _____

c) Fruit orange : _____

d) Mois de l'année : _____

e) Jour de la semaine : _____

f) Grande étendue d'eau salée : _____

Exercices

3. Écris les mots suivants sur les bons pétales. Pour t'aider, regarde bien la lettre au centre de la fleur.

salut   cigale   leçon   inertie   abréviation   classe   cigogne   acrobatie
façon   racine   savoir   glace   maçon   reçu   péripétie   glisse

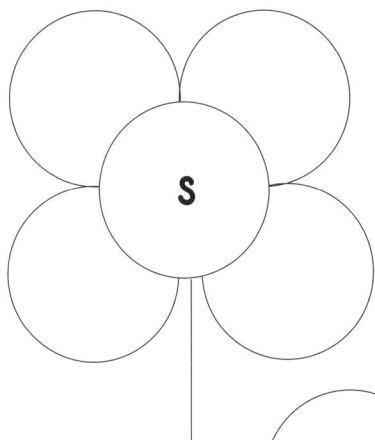

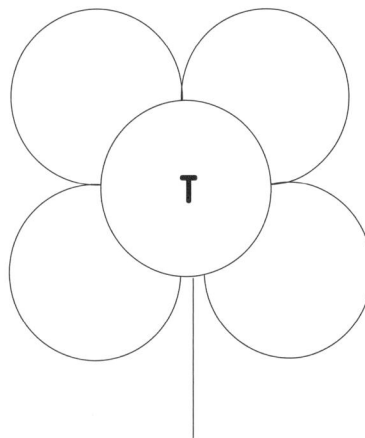

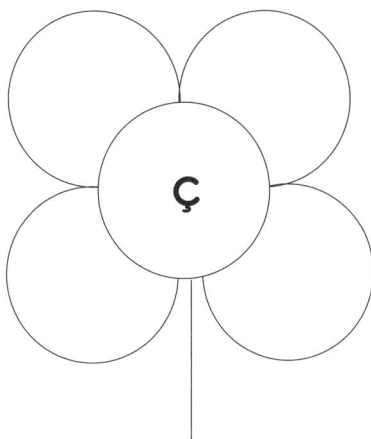

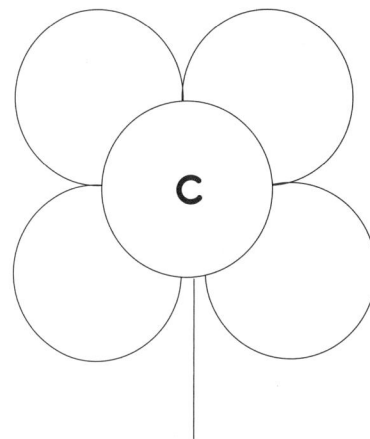

4. Remplis les cases avec les mots suivants.

klaxon
ce
locomotive
kaléidoscope

choriste
quai
chorale
six

chronomètre
kangourou
verre

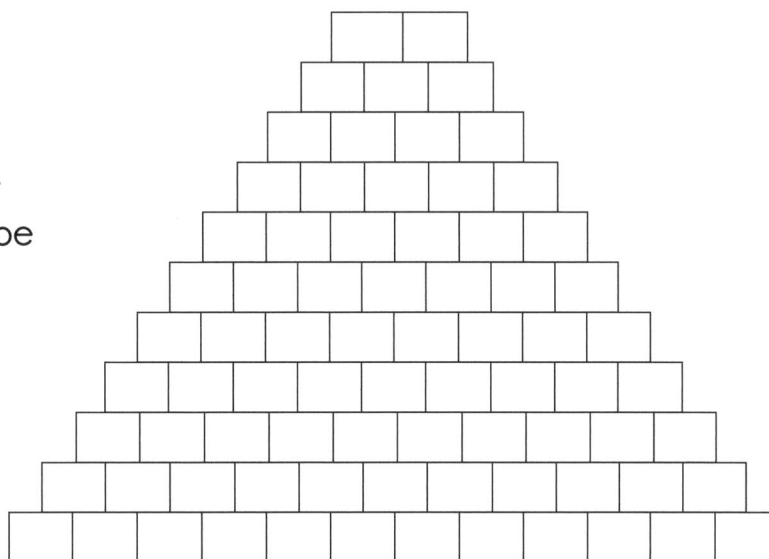

5. Complète les mots suivants en utilisant *i*, *is*, *it*, *ie* ou *y*. Aide-toi de la banque de mots.

visiter   habit   Paradis   pris   curry   vit   tricycle   cyclamens
amie   qui   crypte   lys   riz   marquis   mis

Le marqu_____ s Parad_____ s a m_____ son hab_____ et a pr_____ son

tr_____ c_____ cle pour aller v_____ s_____ ter son am_____ Anna, qu_____

v_____ dans une cr_____ pte. Il lui a apporté un bouquet de l_____ s et de

c_____ clamens. Ils ont mangé un curr_____ avec du r_____ z.

6. Trouve le mot mystère.

i	m	a	g	e	n	s	j	o
n	q	j	a	t	t	e	v	u
j	i	o	j	a	r	d	i	n
a	j	u	g	e	l	n	s	e
m	a	f	r	l	l	u	a	i
b	p	f	o	u	e	a	g	g
o	p	l	u	m	a	g	e	e
n	e	u	g	s	j	e	t	r
s	r	e	e	j	o	u	e	t

gel   jardin   neiger
gens   jatte   nuage
image   jet   plumage
jambons   jouet   rouge
japper   joufflue   visage
fou

Mot mystère : __ __ __ __ __ __ __ __ __ __

Exercices

1. Complète les mots suivants en utilisant *s* ou *z*.

a) framboi_____e   b) pri_____on   c) _____èbre

2. Complète les mots suivants en utilisant è, ê, *ei* ou *ai*.

a) p_____gne   b) ch_____se   c) temp_____te   d) étag_____re

3. Complète les mots suivants en utilisant *ou* ou *u*.

a) m_____lin   b) n_____velle   c) pel_____che

4. Complète les mots suivants en utilisant *ain*, *ein* ou *in*.

a) m_____   b) _____cendie   c) fr_____

5. Complète les mots suivants en utilisant *il* ou *ille*.

a) chen_____   b) scint_____

c) chanda_____   d) épouvanta_____

6. Complète les mots suivants en utilisant *t* ou *tt*.

a) cha_____e   b) au_____ruche

1. Encercle les mots où le s se prononce comme un z.

maison	absente	télévision	costume	jaser
castor	cerise	dentiste	chemise	ciseau
museau	fiston	présent	usine	juste

2. Complète le mot entrecroisé.

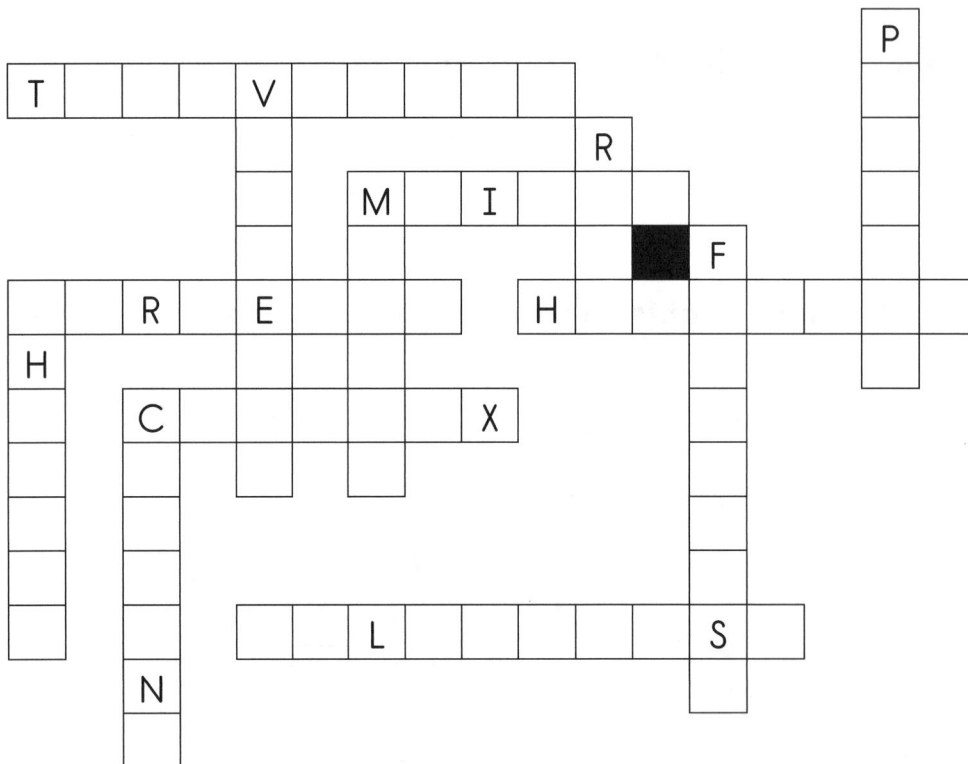

chemise   maison

ciseaux   museau

cousine   pelouse

curieuse   rose

délicieuse   télévision

framboise   vendeuse

heureuse

Exercices

3. Lis le texte suivant et encercle tous les mots qui contiennent le son è. N'oublie pas que le son è peut s'écrire ê, è, est, es, er, ei ou ai.

Noémie se demande bien quoi faire pour sa fête d'anniversaire. Elle rêve d'inviter toute sa bande d'amies à La Ronde, mais sa mère trouve que ça coûte trop cher. Alors, elle décide d'organiser quelque chose qui sort de l'ordinaire.

Elle prépare un pique-nique qui aura lieu sous le chêne près de la rivière. Noémie se déguisera en reine et elle demandera à ses amies de se vêtir en sorcières. Sa marraine, qui est cuisinière, préparera une salade avec des pêches, du raisin et des fraises. Noémie est certaine qu'elles auront beaucoup de plaisir.

4. Trouve le mot qui correspond à la définition. Tous les mots contiennent le son *ou*.

1. C'est un oiseau qui fait hou, hou !
2. Son bébé vit dans sa poche ventrale.
3. Il ressemble beaucoup au chien.
4. Partie de la jambe.
5. Couleur de l'habit du père Noël.
6. Animal qui donne de la laine.

1.

2.

3.

4.

5.

6.

Exercices

5. Complète les mots en utilisant *ain, in* ou *ein*.

a) Dem_____, je prends le tr_____ avec mon cous_____. J'apporte un

bouqu_____, de la p_____ture, un morceau de p_____ et mon

s_____ge en peluche.

b) Ce mat_____, j'ai pris mon b_____ avec mon dauph_____ en

plastique après avoir joué dans le jard_____.

6. Écris chaque mot de la liste à côté de sa définition.

jonquille   béquille   coquillage   épouvantail
cheville   aiguille   bataille   croustilles   médaille   rail

a) Les trains y roulent. _____

b) Bâton de bois pour s'aider à marcher. _____

c) Est remise aux athlètes gagnants. _____

d) Affrontement entre deux clans. _____

e) Fleur jaune. _____

f) Coquille des mollusques. _____

g) Imitation d'un humain pour effrayer les oiseaux. _____

h) Pommes de terre transformées en grignotises. _____

i) Sert à coudre. _____

j) Partie du corps. _____

Exercices

1. Classe dans la bonne colonne les mots suivants.

tempête   étagère   fontaine   baleine   baignade   rêver   neige   liège

è	ei	ai	ê

2. Encercle les mots dans lesquels le *s* se prononce *z*.

prison   casquette   cousine   mesure   autobus

3. Complète les mots en utilisant *in*, *ain* ou *ein*.

a) s_____ge   b) mat_____   c) dem_____   d) p_____ture

4. Complète les mots en écrivant un ou deux *t*.

a) bou_____eille   b) cloche_____e   c) caro_____e   d) cha_____e

5. Complète les mots en utilisant *il* ou *ill*.

a) b_____e   b) van_____e   c) chanda_____   d) éventa_____

6. Écris trois mots qui contiennent le son *ou*.

_____
_____

_____
_____

_____
_____

Test

1. Écris chaque mot de la liste à côté de sa définition.

mère   bouteille   fraise   tête   forêt

capitaine   chaise   baleine   neige   crinière   rivière

a) Petit fruit rouge. _____

b) Meuble pour s'asseoir. _____

c) Tombe en hiver. _____

d) Elle t'a donné la vie. _____

e) Cours d'eau. _____

f) Lieu planté d'arbres. _____

g) Mammifère marin. _____

h) Partie du corps. _____

i) Chef d'une équipe sportive. _____

j) Crins qui garnissent le cou de certains animaux. _____

k) Récipient en verre. _____

2. Encercle les *ou* dans la comptine.

Promenons-nous dans les bois

pendant que le loup n'y est pas

si le loup y était

il nous mangerait

mais comme il n'y est pas

il ne nous mangera pas

Loup y es-tu ? Entends-tu ? Que fais-tu ?

Exercices

3. Écris les mots suivants sur les bons pétales. Regarde bien la lettre au centre de la fleur.

fin   atteindre   certain   ainsi   geindre   ceinture
humain   feindre   marin   lutin   cinq   bain

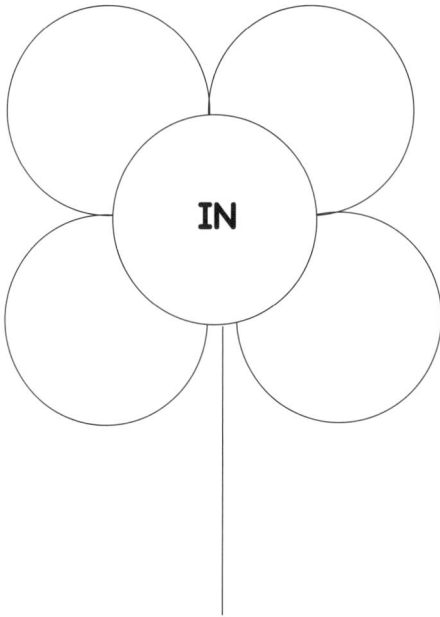

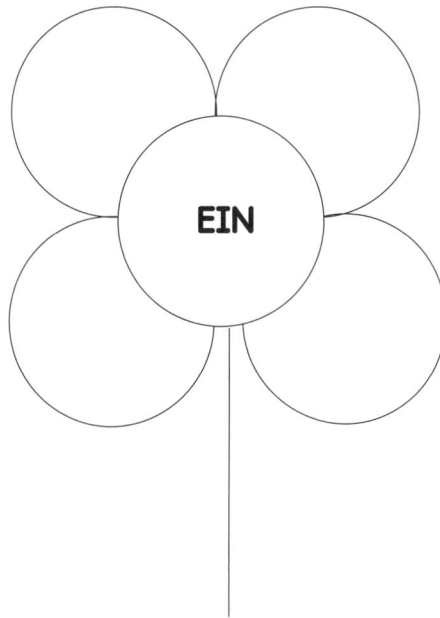

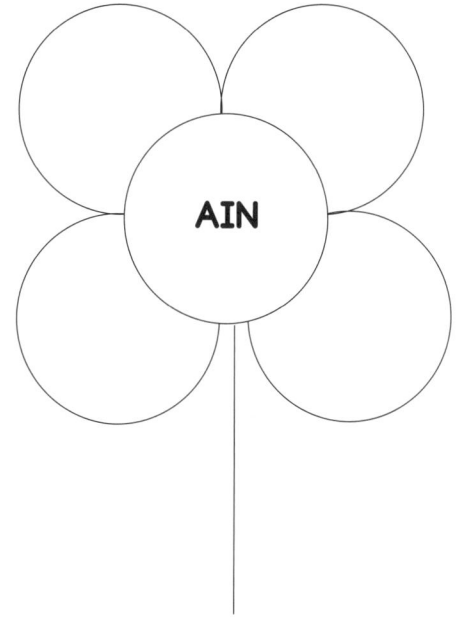

IN

EIN

AIN

4. Complète le mot entrecroisé.

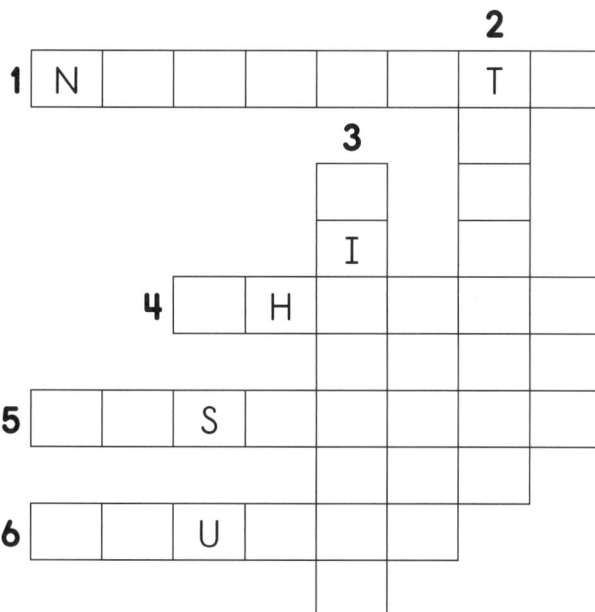

assiette   chouette
goutte   noisette
tablette   violette

Grille :
1 : N ... T
2 (vertical)
3 (vertical) : I
4 : ... H ...
5 : ... S ...
6 : ... U ...

5. Trouve le mot mystère.

p	a	p	i	l	l	o	n	c
t	a	i	l	l	e	o	a	q
u	i	t	r	a	v	a	i	l
l	m	e	d	a	i	l	l	e
c	h	a	n	d	a	i	l	r
p	a	s	t	i	l	l	e	a
l	c	a	i	l	l	o	u	i
d	e	t	a	i	l	a	r	l
b	e	t	a	i	l	g	s	e

ailleurs   chandail
papillon   rail
bétail   détail
pastille   taille
caillou   médaille
travail

Mot mystère : __ __ __ __ __ __ __ __ __ __

6. Encercle les mots qui contiennent le son demandé pour réussir ton jeu de tic-tac-toe.

a) **son *ou***

boule	moto	trois
sapin	houle	fête
jeton	laid	nous

b) **son *in***

bateau	fin	été
lundi	bain	table
tuque	peint	pirate

c) **son *est***

école	gâter	trois
rêve	mais	fête
gentil	matin	puce

Exercices

1. Complète les mots suivants en utilisant *f, ff* ou *ph*.

a) e_____ort   b) élé_____ant   c) _____leur

2. Complète les mots suivants en utilisant *é, er* ou *ez*.

a) n_____   b) b_____b_____   c) écoli_____

3. Complète les mots suivants en utilisant *eu* ou *œu*.

a) f_____   b) c_____r

4. Complète les mots suivants en utilisant *m* ou *n*.

a) ja_____be   b) déce_____bre   c) ga_____t

5. Ajoute l'accent circonflexe là où c'est nécessaire.

a) gateau   b) bateau   c) chateau   d) fete

6. Encercle la lettre muette dans chaque mot.

a) crapaud   b) bras   c) hibou   d) soie

Test

1. Lis le texte suivant et encercle les mots qui ont un accent circonflexe. Recopie-les sous le texte.

Hier après dîner alors que je lisais dans ma chambre, j'ai senti une drôle d'odeur. Je me suis approché de la fenêtre et là j'ai vu un garçon qui faisait brûler un bâton de bois. Aussitôt, j'ai couru prévenir mes parents. Mon père lui a demandé d'arrêter ce jeu dangereux s'il ne voulait pas se blesser et aller à l'hôpital. Le garçon a bien compris les avertissements de mon père. Ouf, tout est bien qui finit bien !

_____   _____

_____   _____

_____   _____

_____   _____

_____   _____

2. Devant *b* et *p*, les sons *an*, *en* et *on* s'écrivent *am*, *em* et *om*. Encercle le mot qui est écrit sans faute. Souviens-toi que le mot *bonbon* est une exception.

a) décembre ou décenbre   b) janbe ou jambe

c) ponpier ou pompier   d) chant ou chamt

e) lampe ou lanpe   f) dimanche ou dimamche

3. Encercle les trois intrus dans la liste d'épicerie de Mia. Regarde bien devant le *b* ou le *p* devant le *m*.

compote   piment

lentilles   ampoules

jambon   champignons

framboises   trempette

concombres   oranges

Exercices

4. Recopie les mots suivants dans la bonne colonne.

cheveu   amoureux   œuvre   odeur   sœur

bœuf   cœur   deux   pleurer   œuf

eu	œu

5. Colorie seulement les cases qui contiennent un mot avec une lettre muette pour savoir quel chemin a suivi le chien pour se rendre à sa niche.

Mot	Loup	Lit	Gars
Air	Huit	Journal	Gant
Avion	Brebis	Regard	Gros
Kiwi	Chat	Ballon	Joli
Bébé	Blanc	Cadeau	Mignon
Chien	Crapaud	Scie	Tapis

6. Recopie sur la bonne tasse les mots suivants.

définition   orphelin   coffret   girafe   alphabet   fruit
nénuphar   chauffer   phoque   carafe   biffer   bouffon

7. Lis la définition et complète le mot.

a) Endroit où l'on va voir un film   ci__ __ __ __

b) Grande étendue d'eau   oc__ __ __

c) Premier mois de l'année   ja__ __ __ __ __

d) Partie du corps   n__ __

e) Il sert à faire des appels   t__ __ __ __ __ __ __ __

8. Encercle le son é qui s'écrit ez dans les phrases suivantes.

Ouvrez votre livre à la page 50. Prenez votre crayon bleu et soulignez tous les noms de fruits. Ensuite, dessinez votre fruit préféré.

Exercices

1. Les mots soulignés qui contiennent le son f sont mal orthographiés. Réécris-les correctement.

Le <u>foque</u> et le <u>dauffin</u> nagent dans l'eau. J'ai pris une <u>foto</u> d'un <u>éléfant</u> <u>afamé</u>.

_____

_____

_____

_____

2. Ajoute l'accent circonflexe sur les mots suivants.

a) diner   b) aout   c) etre   d) flute

3. Écris la lettre muette manquante.

a) _____ibou   b) chocola_____   c) gri_____

4. Complète les mots de la comptine en utilisant eu ou œu.

Oh maman, j'ai mal au c_____r.

C'est ma s_____r qui m'a fait p_____r

Dans la rue des trois coul_____rs.

5. Encercle le mot bien orthographié.

a) ensenble ou ensemble   b) compote ou conpote
c) tronpette ou trompette

6. Encercle tous les sons é.

Venez voir le hérisson qui veut cacher ses bébés sous le peuplier.

Test

1. Remplace chaque dessin par la bonne lettre.

â = ●   ê = ♠   î = ♦   ô = ♥   û = ♣

a) ●ne _____   b) go♣t _____

c) bo♦te _____   d) ch♠ne _____

e) c♥te _____   f) cro♣te _____

g) fra♦che _____   h) h♥tel _____

i) temp♠te _____   j) thé●tre _____

2. Trouve le mot mystère

c	c	o	m	p	t	e	r
e	n	s	e	m	b	l	e
g	r	i	m	p	e	r	a
b	a	m	b	o	u	a	m
l	a	m	p	i	o	n	p
m	c	r	a	m	p	e	l
c	a	m	p	a	g	n	e
p	o	m	p	i	e	r	p

ample   compter   grimper
bambou   crampe   lampion
campagne   ensemble   pompier

Mot mystère : ___ ___ ___ ___

3. Relie chacun des sons aux mots qui contiennent la même orthographe du son é.

mangez   er   santé

regarder   génie

carré   ez   rêvez

étoile   cahier

écolier   é   voulez

marchez   jouer

4. Complète le mot entrecroisé.

cheveu   douleur   professeur
chœur   heure   sœur
creux   œuf   voleur
deux   œuvre

5. Remplis les cases avec les mots suivants.

affoler	gaffe
catastrophe	nénuphar
différent	phoque
difficulté	photographie

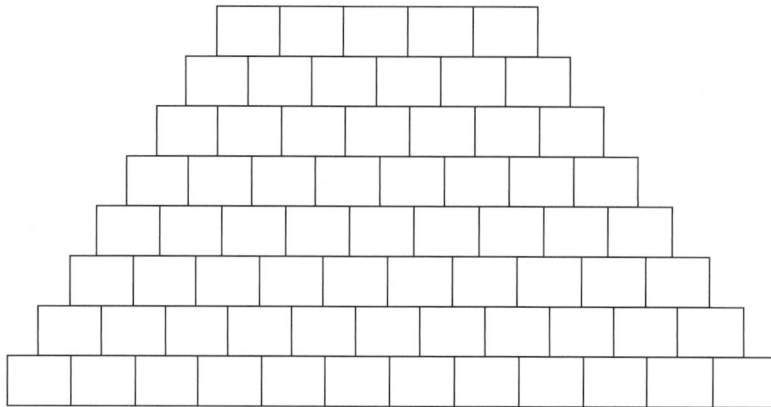

6. Compose des phrases avec les mots suivants.

a) sœur un Ma vœu fait.

_____

_____

b) l'intérieur Mon est à professeur.

_____

_____

c) peur J'ai bœuf du.

_____

_____

Exercices

1. Classe les mots suivants dans l'ordre alphabétique.

cheval   pinceau   merci   film   matin   ballon

1. _____   2. _____

3. _____   4. _____

5. _____   6. _____

2. Quelle est la ...

a) 7e lettre de l'alphabet ? _____   b) 20e lettre de l'alphabet ? _____

c) 15e lettre de l'alphabet ? _____   d) 12e lettre de l'alphabet ? _____

3. Classe les lettres suivantes dans l'ordre alphabétique.

a) TJPC _____   b) URDM _____

c) QSAF _____   d) OPBN _____

4. Écris les voyelles de l'alphabet.

_____

_____

Test

1. **Relie les points en ordre alphabétique pour trouver l'image mystère.**

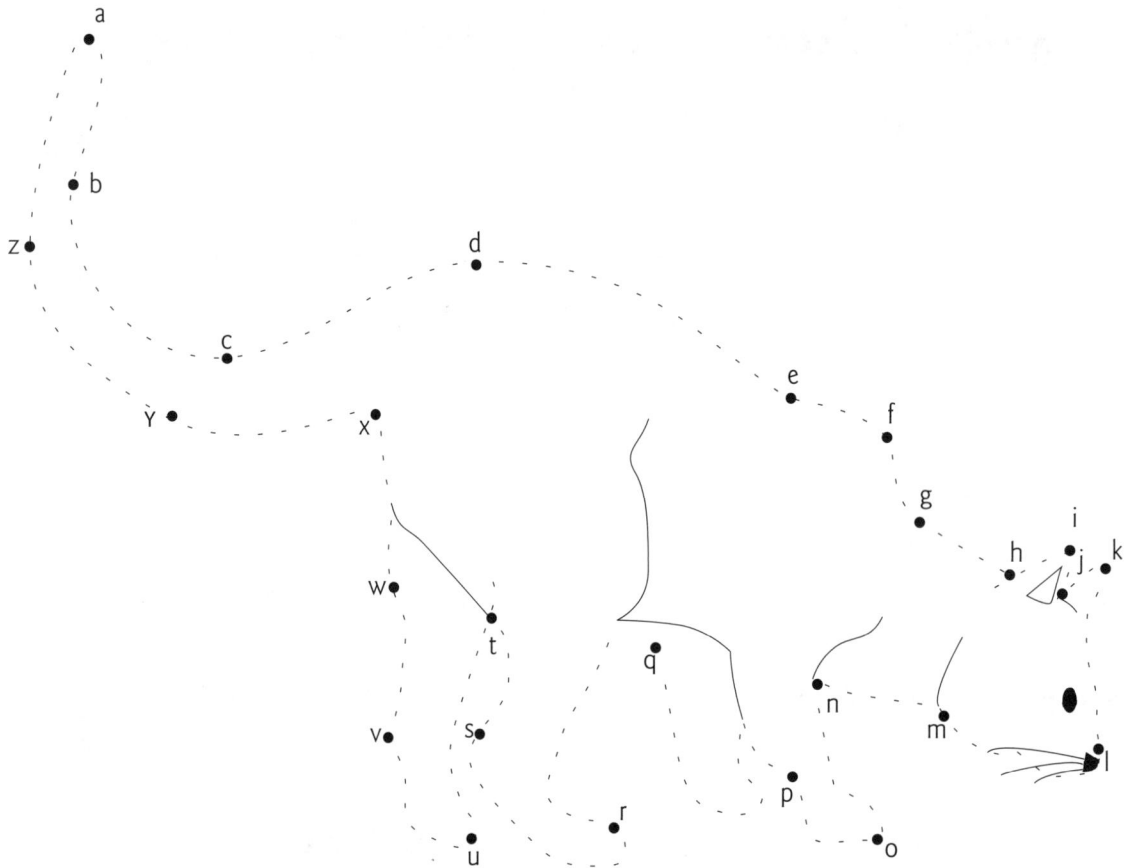

2. **Écris les lettres manquantes.**

a) a b _____ d

b) j _____ lm

c) _____ n o p

3. **Remplace les lettres par celles qui viennent immédiatement avant dans l'alphabet.**

a) J H T R _____

b) M W X L _____

c) O U Z C _____

d) P I Y E _____

4. **Écris les lettres comprises entre _h_ et _m_.**

_____

_____

Exercices

5. Écris les lettres minuscules à côté de la majuscule correspondante.

A _____   H _____   O _____   V _____

B _____   I _____   P _____   W _____

C _____   J _____   Q _____   X _____

D _____   K _____   R _____   Y _____

E _____   L _____   S _____   Z _____

F _____   M _____   T _____

G _____   N _____   U _____

6. Classe les mots suivants dans l'ordre alphabétique.

blanc   bas   bouche   bille

1. _____   2. _____

3. _____   4. _____

7. Écris l'alphabet de _a_ à _z_.

_____

_____

_____

_____

8. Encercle les voyelles dans la comptine suivante.

Un crocodile s'en allant à la guerre

disait adieu à ses petits enfants

traînant la queue, la queue

dans la poussière

il s'en allait combattre les éléphants

Ah les crocrocro, les crocrocro, les crocodiles

sur les bords du Nil ils sont partis n'en parlons plus

Ah les crocrocro, les crocrocro, les crocodiles

sur les bords du Nil ils sont partis tout est fini

9. Écris la voyelle manquante dans les mots suivants.

a) c_____tron   b) aut_____   c) jamb_____

d) princ_____sse   e) t_____lipe   f) v_____lise

10. Suis le chemin des voyelles pour te rendre à l'arrivée.

Départ

a	q	r	t	p	z	x	b	N
e	s	d	g	h	h	h	j	k
i	q	s	c	v	b	n	m	k
o	l	p	t	r	w	q	s	d
u	f	g	h	j	k	o	u	e
a	l	m	b	v	c	i	z	i
e	q	p	h	l	p	e	x	o
i	a	e	o	u	e	a	c	u

Arrivée

Exercices

1. **Est-ce que les listes de mots suivantes sont dans l'ordre alphabétique?**

a) avril
    champion
    deuxième
    encore
    homme
    livre

b) autobus
    camion
    train
    bateau
    voilier
    ambulance

c) assiette
    couteau
    cuiller
    fourchette
    plat
    verre

Réponse _____

Réponse _____

Réponse _____

2. **Réponds par vrai ou faux.**

a) **b** est la deuxième lettre de l'alphabet　　　　vrai　　faux

b) **u** est la vingt-deuxième lettre de l'alphabet　　vrai　　faux

c) **f** est la cinquième lettre de l'alphabet　　　　vrai　　faux

d) **k** est la onzième lettre de l'alphabet　　　　　vrai　　faux

3. **Lis la première phrase du poème d'Arthur Rimbaud et réponds
   à la question.**

« A noir, E blanc, I rouge, U vert, O bleu : voyelles. »

Est-ce que les voyelles sont dans l'ordre alphabétique? _____

Test

1. Sers-toi du code secret pour découvrir les mots ci-dessous.

a	b	c	d	e	f	g	h	i	j	k	l	m	n	o
1	2	3	4	5	6	7	8	9	10	11	12	13	14	15

p	q	r	s	t	u	v	w	x	y	z	é	è	ê
16	17	18	19	20	21	22	23	24	25	26	27	28	29

a)

15	18	4	9	14	1	20	5	21	18

b)

9	14	20	5	18	14	5	20

c)

3	27	4	27	18	15	13

d)

19	15	21	18	9	19

e)

27	3	18	1	14

f)

12	15	7	9	3	9	5	12

g)

3	12	1	22	9	5	18

Exercices

2. Classe les fruits et les légumes dans l'ordre alphabétique.

pomme

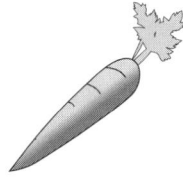
melon

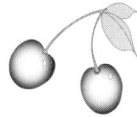
carotte

cerises

banane

poivron

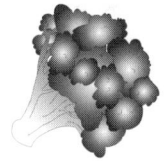
brocoli

concombre

1. _____

2. _____

3. _____

4. _____

5. _____

6. _____

7. _____

8. _____

3. Replace les lettres dans l'ordre alphabétique pour découvrir quel mot est écrit.

a) èscca _____

b) ruc _____

c) tom _____

d) sil _____

e) imlf _____

f) otrf _____

g) uof _____

h) itd _____

Exercices

4. Relie la voyelle au mot qui commence par cette voyelle.

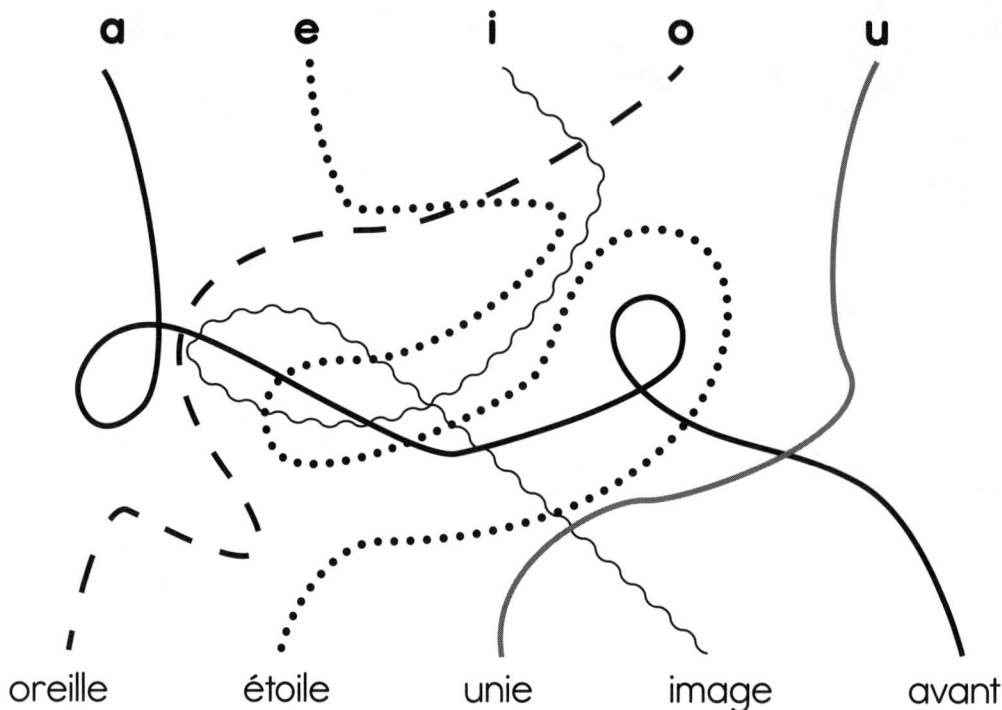

a   e   i   o   u

oreille   étoile   unie   image   avant

5. Colorie seulement les voyelles pour découvrir l'image mystère.

k	b	t	r	s	w	z	v	m	p	l	q
p	l	n	f	d	b	x	h	g	m	c	s
l	v	x	q	p	e	o	n	b	d	l	g
n	c	z	w	i	l	p	o	z	q	b	h
b	j	t	o	v	c	t	b	u	n	t	r
c	v	u	a	e	u	e	i	o	a	b	d
z	n	a	t	p	n	m	c	z	e	v	l
t	m	e	v	b	c	r	q	l	u	t	x
p	b	o	b	c	f	l	n	m	o	p	r
r	c	u	l	p	o	u	r	q	a	m	b
z	t	i	w	b	i	a	l	n	i	v	t
p	v	u	a	i	e	u	i	a	o	q	n

Exercices

1. Encercle les groupes du nom dans les phrases suivantes.

a) Ma mère est ingénieur.

b) Mon frère est en deuxième année.

2. Encercle les noms propres.

Marie-Ève   concierge   Laval   Canada   banane

3. Remplace le groupe du nom par un pronom.

Voici un exemple : <u>Marie</u> mange une pomme. <u>Elle</u> mange une pomme.

a) Les élèves adorent la récréation. _____

b) Mon frère fait de beaux dessins. _____

4. Écris le déterminant qui convient devant les mots suivants.

a) _____ chien   b) _____ chatte   c) _____ avions

5. Souligne les mots qui sont au pluriel.

dauphins   crapaud   écureuils   chevaux   vache

6. Écris le féminin des mots suivants.

a) heureux _____   b) homme _____

c) gros _____   d) haut _____

Test

1. Complète les phrases en ajoutant le groupe du nom.

Mon oncle   une marguerite   Son chien   une planète

a) Lucie cueille _____.

b) Mars est _____.

c) _____ a gagné un voyage.

d) _____ est malade.

2. Mets le groupe du nom au singulier.

a) Les singes hurlent très fort. _____ hurle très fort.

b) Les magiciens sont très bons. _____ est très bon.

c) Mes frères jouent au hockey. _____ joue au hockey.

3. Recopie le texte en ajoutant les majuscules aux noms propres.

Mon nom est jacques. Lorsque je serai grand, je veux être un explorateur et
visiter des pays comme l'égypte ou le mexique pour découvrir des trésors
cachés. Mon ami jean-paul, qui veut m'accompagner, regarde dans l'atlas qu'il
a reçu pour Noël d'autres endroits que nous pourrons visiter.

_____
_____
_____
_____
_____
_____
_____

Exercices

4. Ajoute le déterminant qui convient pour compléter le groupe du nom.

_____ mère m'a donné _____ chien pour _____ anniversaire. C'est

_____ chiot alors il dort dans _____ cage. _____ chat a peur et il se

cache sous _____ canapé.

5. Écris le déterminant qui convient.

a) _____ hibou   b) _____ chiffre   c) _____ doigts

d) _____ couleur   e) _____ citrouille   f) _____ homme

6. Mets au pluriel les mots suivants.

a) chanson _____   b) légume _____

c) prince _____   d) trompette _____

e) rivière _____   f) œuf _____

7. Souligne le _s_ des noms au pluriel.

les perroquets   les mères   les oreilles   les patins   les sorcières

les baladeurs   les chemins   les dents   les devoirs   les disques

8. Encercle la phrase bien orthographiée.

Je mange des prunes.   **ou**   Je mange des prune.

Exercices

9. Indique ce qui est remplacé par les pronoms.

Voici un exemple : Victor a trouvé un appareil photo. Il le rend à son propriétaire.
Le remplace <u>appareil photo</u>.

a) J'ai emprunté deux crayons à Lyne. Je **les** lui rendrai demain.

   Les remplace : _____

b) Mes enfants, je **vous** demande de rester tranquilles.

   Vous remplace : _____

c) Sandrine a mangé toute la tarte. **Elle** est gourmande.

   Elle remplace : _____

10. Écris *un* ou *une* devant les mots suivants.

a) _____ locomotive   b) _____ lunette

c) _____ fruit   d) _____ téléphone

11. Mets les mots suivants au féminin.

a) policier _____   b) roi _____

c) prince _____   d) heureux _____

e) magicien _____   f) froid _____

Exercices

1. Remplace le pronom par un groupe du nom en te servant des mots dans la liste.

Les filles   Ma sœur et moi   Les garçons

a) Ils achètent des patins à roues alignées. _____

b) Nous aimons la musique. _____

c) Elles nagent dans la rivière. _____

2. Encercle les noms propres.

Alain   grande   Paul   le citron

Mlle Desbiens   le genou   aussi   Angleterre

3. Indique ce qui est remplacé par le pronom.

a) Adrien est parti en Italie. Je **lui** ai souhaité bon voyage.

Lui remplace _____

4. Lequel des mots suivants n'est pas un déterminant ?

le   la   les   quatre   demain

5. Encercle les mots masculins.

ballon   forêt   hiver   oreille

6. Encercle les mots au singulier.

jardins   hiboux   folle   fromage

Test

1. **Compose deux phrases et souligne le groupe du nom.**

_____

_____

_____

_____

2. **Souligne les groupes du nom dans les phrases suivantes.**

a) Martin fait un feu.

b) Martine mange un melon.

3. **Écris trois noms propres et trois noms communs.**

_____

_____

_____

_____

_____

4. **Encercle les noms communs.**

      petit   une pomme   un hamster   je mange

5. **Encercle les noms propres.**

    manger   Carole   Mexique   grande

    monsieur Caron   la tête   jamais   le chien

6. **Corrige les noms de pays mal orthographiés.**

    Canada   algérie   espagne   Italie   russie

_____

_____

Exercices

7. Souligne les pronoms dans le texte suivant.

Depuis que je suis tout petit, je rêve d'avoir un cheval. Ma mère ne veut pas. Elle dit qu'il serait malheureux de vivre au quatrième étage d'un édifice à logements. Moi, je crois que nous serions bien. Je lui ferais faire des promenades tous les jours. Et toi, qu'en penses-tu ?

8. Écris un pronom différent pour chacune des phrases. Sers-toi des mots de la banque pour compléter chaque phrase avec un pronom.

Nous   Elles   Vous   Je

a) _____ lis une bande dessinée.

b) _____ allons jouer dehors.

c) _____ dansent le hip hop.

d) _____ avez réussi votre examen.

9. Écris un déterminant différent pour chaque mot. Sers-toi des mots dans la banque.

mon   ton   son   ce   cette   ma   ta   sa   un   une   le   la

a) _____ livre   b) _____ louve   c) _____ sœur

d) _____ printemps   e) _____ restaurant   f) _____ pain

g) _____ voiture   h) _____ vélo   i) _____ neige

j) _____ poisson   k) _____ mère   l) _____ musique

10. Complète la grille en indiquant si le mot est féminin ou masculin, et au singulier ou au pluriel. Nous avons rempli la première colonne pour toi.

	Masculin	Féminin	Singulier	Pluriel
devoirs	x			x
foulard				
tomate				
saumons				
motoneige				
raquettes				
reine				
rois				
tente				
vedettes				
cinéma				
écureuils				
bicyclettes				
ballons				
tableaux				
chaise				
assiettes				

Exercices

1. Souligne les adjectifs qualificatifs dans le texte suivant.

J'ai mis mon petit manteau rouge pour affronter la pluie abondante qui tombe du ciel gris.

2. Choisis l'adjectif qualificatif qui convient pour compléter la phrase.

a) Le ciel est rempli d'étoiles _____. (brillantes ou brillants)

b) Un _____ arbre pousse dans ma cour. (grosse ou gros)

3. Encercle le bon antonyme (contraire) pour compléter la phrase.

a) J'aime le macaroni. (adore ou déteste)

b) Ma bicyclette est vieille. (neuve ou usagée)

4. Écris le contraire des mots suivants.

a) jour _____   b) différent _____

c) blanc _____   d) homme _____

5. Trouve le petit mot qui se cache dans le grand mot.

a) venteux _____   b) porcelet _____

c) blancheur _____   d) rougeole _____

e) rosée _____   f) comédien _____

Test

1. Ajoute l'adjectif qualificatif qui convient pour te décrire.

Mes yeux sont _____. (bruns, bleus, verts, pers)

J'ai les cheveux _____ (courts, longs) et

_____ (bouclés, raides) Ils sont _____. (bruns, blonds, roux)

Je suis _____. (grand (e), petit (e))

Je suis très _____. (Choisis une qualité qui te représente bien.)

2. Encercle les adjectifs qualificatifs et trace une flèche vers le mot qu'ils qualifient.

Voici un exemple : J'ai de grands yeux.

a) Je regarde un excellent film à la télévision.

b) J'adore ma bicyclette rouge.

c) J'ai reçu un beau cadeau pour mon anniversaire.

d) J'ai eu un examen difficile.

3. À l'aide de la banque de mots, complète les phrases suivantes avec l'adjectif qualificatif qui convient.

fort   heureux   gentille   bleu

a) Je suis très _____.

b) Mon frère est _____.

c) Le ciel est _____.

d) C'est un enfant _____.

Exercices

4. Relie les mots à leur contraire.

facile   petit

déçu   mauvais

heureux   difficile

grand   triste

bon   content

comique   malheureux

5. Remplis la grille suivante grâce aux indices.

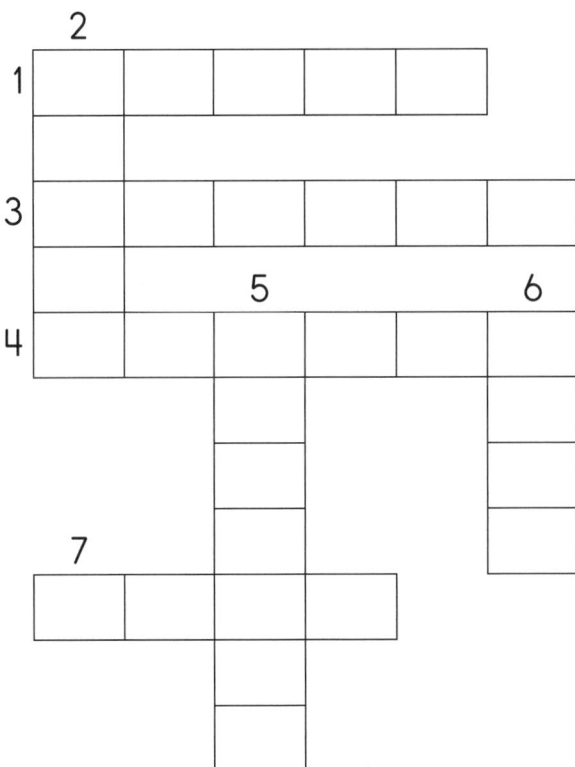

1. Le contraire de faible (au féminin). 2. Le contraire de chaud. 3. Le contraire de fermé. 4. Le contraire de dehors. 5. Le contraire de premier. 6. Le contraire d'avec. 7. Le contraire de beau.

6. Trouve le nom qui se cache dans le nom des bébés animaux.

a) lionceau _____

b) porcelet _____

c) ourson _____

d) renardeau _____

e) baleineau _____

f) éléphanteau _____

g) louveteau _____

h) chaton _____

7. Essaie de former un grand mot à partir d'un plus petit mot.

Voici un exemple : vent : venteux, venteuse.

a) grand _____

b) thé _____

c) auto _____

d) goutte _____

e) blanc _____

f) dent _____

g) deux _____

h) an _____

8. Relie le petit mot qui est présent dans le grand mot.

signalisation   chat

pharmacien   boucher

comédien   signal

boucherie   roman

chaton   comédie

romancier   pharmacie

Exercices

1. Encercle les adjectifs qualificatifs dans la liste de mots ci-dessous.

joyeux   bon   salut   courte   balai

2. Écris si les adjectifs suivants sont féminins (écris *f* à côté du mot) ou masculins (écris *m* à côté du mot).

a) beau _____

b) étroite _____

c) grand _____

d) silencieuse _____

e) enchanté _____

f) meilleure _____

3. Quel est le contraire des mots suivants ?

a) masculin _____

b) mou _____

c) descendre _____

d) invisible _____

e) plein _____

f) malheur _____

4. Relie les deux parties de mots pour en former un nouveau.

fleur   et

bleu   isation

cane   iste

rouge   ton

signal   ole

1. Regarde bien les illustrations et recopie à côté de chacune d'elles les adjectifs qui les qualifient.

jolie robe	mauvaise humeur	cheveux foncés	cheveux courts	grand	cheveux longs	bonne humeur	cheveux frisés

Pablo   **Juanita**

2. Certains adjectifs qualificatifs décrivent positivement une personne ou une chose. D'autres les décrivent de façon négative. Mets un + à côté de l'adjectif si c'est positif ou un – si c'est négatif.

a) brave _____   b) cruelle _____   c) méchant _____

d) gentille _____   e) gourmande _____   f) peureuse _____

g) généreux _____   h) affectueux _____   i) jaloux _____

j) merveilleuse _____   k) respectueux _____   l) impolie _____

3. Écris trois adjectifs qui ne sont ni positifs ni négatifs. Voici deux exemples : rouge, sec.

Exercices

4. Joëlle joue à la marelle. Elle a passé seulement sur les cases sur lesquelles il y a des antonymes. Écris les numéros de case où elle est passée.

aimer **1** détester	
2 guerre paix	**3** plus encore
important **4** essentielle	riche **5** pauvre
6 plus moins	**7** pareil égal
8 lourd léger	

_____

_____

5. Parmi la liste suivante, trouve des antonymes. Écris-les dans l'espace approprié.

faible   vieux   baisser   jeune   calmer   mou   exciter   monter

a) _____   est le contraire de   _____

b) _____   est le contraire de   _____

c) _____   est le contraire de   _____

d) _____   est le contraire de   _____

Exercices

6. Dans la grille de mots suivante, colorie en rouge le petit mot dans le grand.

```
H A U T E U R
E               F
U   C   H I V E R N A L
R   I           O
E   N       L A I D E U R
U   E           D
S O M M E I L   U
E   A           R
M   T R O I S I E M E
E   H
N   E
T   Q
    U
    E
```

7. Recopie les mots dans la bonne colonne.

jardiner   lundi   lampe   literie   tube

Contient un petit mot	Ne contient pas de petit mot

Exercices

1. Indique si les événements suivants sont survenus dans le passé, le présent ou l'avenir.

		Passé	Présent	Futur
a)	Je suis malade aujourd'hui.			
b)	Quand je serai grand, je serai un pompier.			
c)	Je regarde la télévision.			
d)	L'hiver dernier, je suis allée à Cuba.			

2. Comment fais-tu pour savoir si le mot est un verbe ?

a) J'ajoute un déterminant, comme *le* ou *la*, devant le mot.

b) Je me demande si c'est une action.

c) C'est un verbe si le mot décrit quelqu'un ou une situation.

Réponse : _____

3. Encercle les verbes parmi les mots suivants.

manger   dormir   chèvre   chercher

4. Complète les phrases suivantes avec le verbe *manger*.

a) Je _____ une glace au chocolat.

b) Il _____ peu.

c) Tu _____ un fruit.

1. Souligne les phrases dans lesquelles l'action se passe aujourd'hui.

a) Je fais de la bicyclette avec mon amie Florence.

b) Mon amie s'est blessée en tombant de son vélo.

c) Pour mes dix ans, j'aurai une nouvelle bicyclette.

d) Maintenant, je range mon vélo dans le garage.

2. Complète les phrases suivantes en utilisant les verbes dans la banque de mots.

escalade   jouez   pleut   dessine

a) Je _____ une maison verte et rouge.

b) Vous _____ bien au baseball.

c) J' _____ une montagne.

d) Il _____ fort aujourd'hui.

3. Fais un X sur les illustrations qui représentent une action.

Exercices

4. Décris une activité qui a eu lieu dans le passé.

_____

_____

_____

_____

_____

_____

5. Trace une flèche pour relier le verbe au sujet qui fait l'action.

Voici un exemple : Le gardien du zoo nourrit les lions.

a) Mon père peint la cuisine.

b) Le jardinier arrose les fleurs.

c) Je tape un texte à l'ordinateur.

d) La directrice sonne la cloche pour la récréation.

e) Mélanie dévale la pente à toute vitesse.

6. Trouve et souligne les cinq verbes dans le texte suivant.

Le boulanger se lève tôt le matin. Il pétrit la pâte pour le pain et la met au four.
Les clients sont contents de manger du bon pain chaud.

7. Écris trois verbes différents.

_____   _____   _____

_____   _____   _____

8. Remplace le verbe au pluriel par un verbe au singulier.

a) Les loups **ont** un odorat très développé.

Le loup _____ un odorat très développé.

b) Les lions **dorment** vingt heures par jour.

Le lion _____ vingt heures par jour.

c) Les chimpanzés **dorment** avec leur mère jusqu'à l'âge de cinq ou six ans.

Le chimpanzé _____ avec sa mère jusqu'à l'âge de cinq ou six ans.

d) Les pandas **mangent** du bambou.

Le panda _____ du bambou.

9. Colorie en bleu le verbe qui complète le mieux la phrase.

         saute

a) Anita   à la corde.

         pousse

         va

b) Mario   à l'ordinateur.

         travaille

         attache

c) Étienne   Félix à jouer chez lui.

         invite

Exercices

1. Écris les verbes au présent et à la première personne du singulier (*je* ou *j'*).

Voici un exemple : manger Je mange une pomme.

a) aimer   J' _____ jouer dehors.

b) brosser   Je _____ mes dents après chaque repas.

c) laver   Je _____ mes cheveux régulièrement.

2. Souligne tous les verbes dans le texte suivant.

Mathieu fait sa part pour l'environnement. Il recycle au lieu de jeter. Il dépose les contenants de verre, le papier et les boîtes de conserve dans le bac de recyclage. Il écrit des deux côtés de la feuille. Il récupère les rouleaux de papier essuie-tout, les boîtes de céréales, les contenants de lait et de jus pour bricoler. Mathieu éteint les lumières lorsqu'il quitte une pièce. Il ne pollue pas, il jette ses déchets à la poubelle.

3. Replace les mots dans le bon ordre. Ensuite, relie par une flèche le verbe à la personne qui fait l'action.

a) deuxième enseigne en Madeleine année.

_____

_____

b) mère paysages Ma peint de beaux.

_____

_____

Test

1. Ajoute les verbes aux endroits manquants. Sers-toi de la banque de mots.

appelle   sont   existent   pense   chante   casse

Je rêve souvent d'une vilaine sorcière qui _____ d'horribles

chansons. Je ne peux pas me sauver, mes jambes

comme du plomb. Elle me _____ les oreilles et j'ai peur. Je me

réveille et j'_____ mes parents. Ils me rassurent en me disant

que c'était un cauchemar et que les sorcières n'_____ pas.

Je _____ à de belles choses et finalement, je m'endors

heureux.

2. Encercle les verbes pour réussir ton jeu de tic-tac-toe.

a)

donner	chanson	sous
manger	sapin	nous
dormir	lit	nez

b)

pouvoir	long	loup
grand	ouvrir	cahier
gros	foyer	rêver

c)

livre	jouer	soir
propre	parler	tante
sœur	demander	treize

        Exercices

3. Joëlle joue à la marelle. Elle a passé seulement sur les cases sur lesquelles il y a des verbes. Écris les numéros de case où elle est passée.

1 fou	
2 jeter	**3** ami
4 pauvre	**5** faire
6 écrire	**7** roi
8 colorier	

_____

_____

4. Fais un x dans la bonne colonne.

		Présent	Passé	Futur
a)	Antonio vit en Italie.			
b)	Cédric ira à l'école l'an prochain.			
c)	Je suis allé à la plage hier.			
d)	Il y a eu de gros orages hier.			
e)	Le soleil brille dans le ciel.			

5. Décris un événement qui aura lieu dans le futur.

_____

_____

_____

_____

_____

_____

Exercices

6. Classe les verbes dans la bonne colonne.

j'ai dormi, il a marché, tu ris, nous avons suivi, tu vois, il sent, il a mangé, je chante, elle a dormi, vous dansez, je cours, nous avons écouté

Hier	Aujourd'hui

7. Complète les phrases suivantes avec le verbe *faire*.

(je) fais   (tu) fais   (il ou elle) fait

a) Amélie _____ un gâteau.

b) Peter _____ du vélo.

c) Je _____ de la peinture.

d) Tu _____ de la musique.

8. Écris une phrase en utilisant le verbe *aimer*.

_____

_____

_____

_____

Exercices

1. Laquelle des phrases suivantes ne contient pas d'erreur ?

a) j'ai emprunté un livre à la bibliothèque.

b) J'ai emprunté un livre à la bibliothèque.

c) j'ai emprunté un livre à la bibliothèque

Réponse : _____

Quelles sont les erreurs dans les autres phrases ?

_____

_____

2. La phrase suivante est-elle négative ?

Je n'aime pas le chocolat.

Réponse : _____

3. La phrase suivante est-elle interrogative ?

Est-ce que tu aimes le chocolat ?

Réponse : _____

4. Comment s'appellent les signes de ponctuation suivants ?

a) . _____

b) ! _____

c) ? _____

Test

1. Corrige les phrases suivantes.

a) Juliette aime Roméo _____

b) Les saumons remontent les rivières _____

c) les chats miaulent _____

d) mes amis chantent dans la chorale. _____

2. Combien de phrases y a-t-il dans la comptine suivante ?

En colonie de vacances, la si la sol.
En colonie de vacances, la si la sol fa mi.
On sautait sur les lits, la si la sol.
On sautait sur les lits, la si la sol fa mi.
La directrice arrive, la si la sol.
La directrice arrive, la si la sol fa mi.
Qu'est-ce que vous faites ici, la si la sol ?
Qu'est-ce que vous faites ici, la si la sol fa mi ?
On sautait sur les lits, la si la sol.
On sautait sur les lits, la si la sol fa mi.
Vous serez privés de dessert, la si la sol.
Vous serez privés de dessert, la si la sol fa mi.
Le dessert c'est pas bon, la si la sol
Le dessert c'est pas bon, la si la sol fa mi.

Réponse : _____

3. Encercle les points d'exclamation dans le texte suivant.

« Quelle magnifique exposition ! s'exclame Natacha en sortant de l'exposition
des œuvres de Picasso. Je n'ai jamais vu de peintures aussi belles ! Je suis
vraiment contente d'être venue au musée aujourd'hui. »

Exercices

4. Remets les mots dans l'ordre pour former une phrase.

a) range Carl chambre sa. _____

b) les collectionne Émile timbres. _____

c) Jeux Délia aux olympiques participera. _____

d) bibliothèque Kimberly à la travaille. _____

5. Encercle les phrases interrogatives.

a) Est-ce que tu veux un verre de lait ?

b) J'ai acheté un chapeau rose.

c) C'est une journée brumeuse.

d) Est-ce que tu portes du parfum ?

6. Encercle les phrases négatives.

a) Le printemps est arrivé.

b) Je n'aime pas la pluie.

c) L'automne n'est pas arrivé.

d) L'été est ma saison préférée.

7. Relie l'illustration à la phrase qui la décrit.

Annie joue au ballon.

Éric fait de la planche à roulettes.

Tania fait du ski.

Julien fait du plongeon.

8. Transforme les phrases suivantes en phrases négatives.

Voici un exemple : Je vais à l'aréna. Je ne vais pas à l'aréna.

a) Marie-Soleil marche pour aller à l'école.
_____
_____

b) Paul porte des lunettes.
_____
_____

c) La directrice surveille les élèves à la récréation.
_____
_____

b) Le concierge fait le ménage.
_____
_____

Exercices

1. Fais un x sur les points qui ne sont pas au bon endroit.

L'autre soir. mon amie Sophie a été voir une. pièce de théâtre. La pièce racontait l'histoire d'un petit. garçon qui rêvait de se transformer. en oiseau afin de pouvoir voler dans le ciel.

2. Compose une phrase à l'aide des mots suivants.

éléphants   les   avec   trompe   s'arrosent   leur

_____

_____

3. Vrai ou faux, la phrase suivante ne comporte pas d'erreur.

Mon frère écoute la radio dans sa voiture

Réponse : _____

4. Ajoute un point (.), un point d'interrogation (?) ou un point d'exclamation (!) pour compléter les phrases suivantes.

a) Quelle belle journée

b) As-tu un cours d'anglais aujourd'hui

c) Mon amie Aurélie est malade

1. Replace les phrases dans le bon ordre. Numérote-les de 1 à 4.

Il fabrique un bonhomme de neige.

Il ouvre la porte et va jouer dehors.

Il boit un bon chocolat chaud pour se réchauffer.

Nathan met ses bottes, son manteau, son chapeau et ses mitaines.

2. Relie les sections pour former des phrases complètes.

Le chat   hurle.

Le cochon   aboie.

Le mouton   miaule.

Le loup   grogne.

Le chien   bêle.

3. Transforme les phrases positives en phrases négatives.

Voici un exemple :

William écoute les consignes.   William n'écoute pas les consignes.

a) Sonia a oublié son cartable.

_____

_____

b) Brandon porte un beau costume d'Halloween.

_____

_____

Exercices

4. En te servant des mots de la banque, compose trois phrases.

Lorenzo	observe	dans le parc.
Germain	se balance	au soccer.
Laurence	joue	les oiseaux.

_____

_____

_____

_____

_____

_____

5. Combien y a-t-il de phrases dans le texte suivant ?

Je veux qu'en te voyant là, ta main dans la mienne,

Le vent change son bruit d'orage en bruit de lyre.

Et que sur ton sommeil la sinistre nuit vienne sourire.

Chant sur le berceau, Victor Hugo

Réponse : _____

6. Compose trois phrases de ton choix.

_____

_____

_____

_____

_____

_____

7. Que faut-il ajouter à la fin d'une phrase ?

_____

_____

Exercices

8. Il y a quatre phrases dans le texte suivant. Ajoute les points et les majuscules.

le père de Jamil décide de repeindre le salon il enlève d'abord tous les cadres et bouche les trous il couvre les meubles et les planchers pour ne pas les salir avec la peinture il lave les murs avant de commencer à peinturer

9. Transforme cette phrase en phrase négative et ensuite en phrase interrogative.

Ils chassent les papillons.

_____
_____
_____
_____

10. Associe les illustrations aux phrases qui les décrivent.

Je me lave les mains avant chaque repas.

Je me couche tôt pour être en forme.

Je me brosse les dents après chaque repas.

Je mange des aliments bons pour la santé.

Exercices

1. Nomme l'un des quatre points cardinaux.

_____

_____

2. Indique où se trouve la pomme.

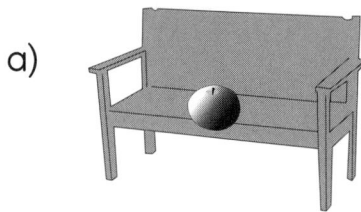

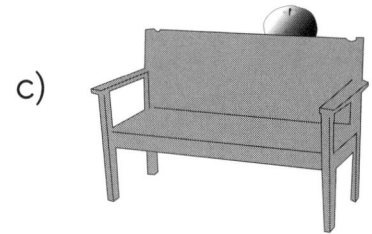

a)   b)   c)

a) La pomme est _____ le banc.

b) La pomme est _____ le banc.

c) La pomme est _____ le banc.

3. Écris les jours de la semaine.

_____

_____

_____

_____

4. Quel est le premier mois de l'année ?

_____

_____

5. Tu te couches le matin, le midi ou le soir ?

_____

_____

6. Quelles sont les quatre saisons ?

_____

_____

Test

1. Trace la course du soleil sur la rose des vents en te servant des indices.

Le soleil se lève à l'est et se couche à l'ouest. On ne voit jamais le soleil au nord.

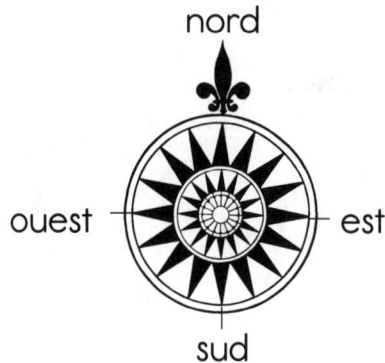

2. Jonathan marche vers le sud. Il tourne à gauche. Dans quelle direction marche-t-il maintenant ?

_____

_____

3. Dessine ce qu'on te demande.

a) Dessine une pomme à droite du garçon.

b) Dessine un chapeau sur sa tête.

c) Fais un x à sa droite.

d) Dessine un crayon dans une de ses mains.

Exercices

4. Complète la liste suivante.

lundi, mardi _____ jeudi _____

samedi _____

5. Quelle est ta journée préférée?

_____

_____

Explique pourquoi.

_____

_____

6. Quel est le dernier mois de l'année?

_____

_____

7. Complète la liste suivante.

janvier, _____ , _____ , avril,

_____ , juin, _____ , août,

_____ , _____ , novembre,

_____

8. Quel mois es-tu né(e)? _____
Je suis né (e) au mois de (d') _____ .

9. Relie l'action au moment de la journée où tu fais cette action.

Se mettre au lit pour la nuit.   Le midi

Quitter la maison pour l'école.   L'après-midi

Jouer dehors à la deuxième récréation.   Le soir

Dîner.   Le matin

10. Écris à quel moment de la journée tu accomplis les actions suivantes.

a) Prendre le petit-déjeuner. _____

b) Faire tes devoirs. _____

c) Prendre ton bain. _____

11. Écris durant quelle saison tu pratiques les activités suivantes.

a) Faire du ski nautique. _____

b) Te déguiser pour l'Halloween. _____

c) Aller à la cabane à sucre. _____

d) Célébrer Noël. _____

12. Indique à quel mois débutent les saisons.

a) printemps _____ b) été _____

c) automne _____ d) hiver _____

1. Écris les quatre points cardinaux sur la rose des vents.

2. Complète les phrases suivantes.

a) La fourchette se place à _____ de l'assiette.

b) Le couteau se place à _____ de l'assiette.

3. Quelle est la dernière journée de classe de la semaine ?

_____

_____

4. La fin des classes est à quel mois ?

_____

_____

5. À quel moment de la journée rentres-tu de l'école ?

_____

_____

6. Durant quelle saison fait-il le plus chaud ?

_____

_____

Test

1. À ton avis, à quoi servent les points cardinaux?

_____

_____

2. Réponds par vrai ou faux.

a) Le soleil se lève au sud.   _____

b) Le soleil se couche à l'ouest.   _____

c) À midi, le soleil est au sud.   _____

d) On voit toujours le soleil au nord. _____

3. Aide Omar à placer les objets sur la table. Écris la lettre correspondant à chaque objet là où on te le demande.

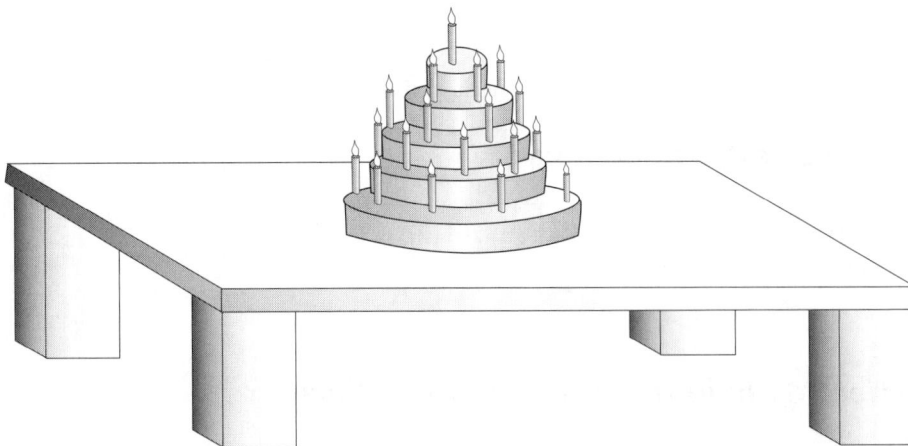

Place les assiettes à gauche du gâteau (a).

Place les verres à droite du gâteau (b).

Ajoute des bougies sur le gâteau (c).

Cache un cadeau sous la table (d).

Accroche des ballons sur le mur derrière la table (e).

Exercices

4. Lis le texte et réponds aux questions.

Rina a un horaire chargé. Le lundi, elle suit des cours de plongeon. Le mardi, elle chante dans la chorale de l'école. Le mercredi et le jeudi, elle n'a aucune activité. Le vendredi, elle va à la rencontre des louvettes. Le samedi, elle joue à la ringuette. Le dimanche, elle ne fait rien.

a) Quels jours Rina ne pratique aucune activité ? _____

b) Quel jour va-t-elle à la rencontre des louvettes ? _____

c) Quel jour suit-elle des cours de plongeon ? _____

5. Replace les lettres dans le bon ordre pour trouver quel jour de la semaine est écrit.

a) cdamnhei _____   b) ivdnreed _____

c) nluid _____   d) emriecrd _____

6. Numérote les mois de l'année de 1 à 12. Janvier est le 1er et décembre, le 12e. Écris-les ensuite dans l'ordre.

| mars | février | août | mai | janvier | juillet |
| septembre | novembre | juin | décembre | avril | octobre |

_____

_____

_____

_____

_____

_____

_____

_____

Exercices

7. **Replace les illustrations dans l'ordre en les numérotant de 1 à 3.**

8. **Écris quelle saison est représentée par les illustrations.**

a) _____   b) _____

c) _____   d) _____

9. **Quelle est ta saison préférée? Explique pourquoi.**

_____

_____

_____

_____

_____

_____

Exercices

1. Comment se nomme la partie de ton corps qui te sert à écrire ?

_____

_____

2. Associe le sens à la partie du corps correspondante.

La vue   Le nez

L'odorat   Les mains

Le goûter   Les yeux

Le toucher   Les oreilles

L'ouïe   La langue

3. Nomme une émotion que tu ressens parfois.

_____

_____

4. Les parents de tes parents sont tes

_____

_____.

5. Quelle sorte de chaussures dois-tu porter pour le cours d'éducation physique ?

_____

_____

6. Quel nom donne-t-on à la personne qui répare les voitures ?

_____

_____

Test

1. Écris les parties du corps.

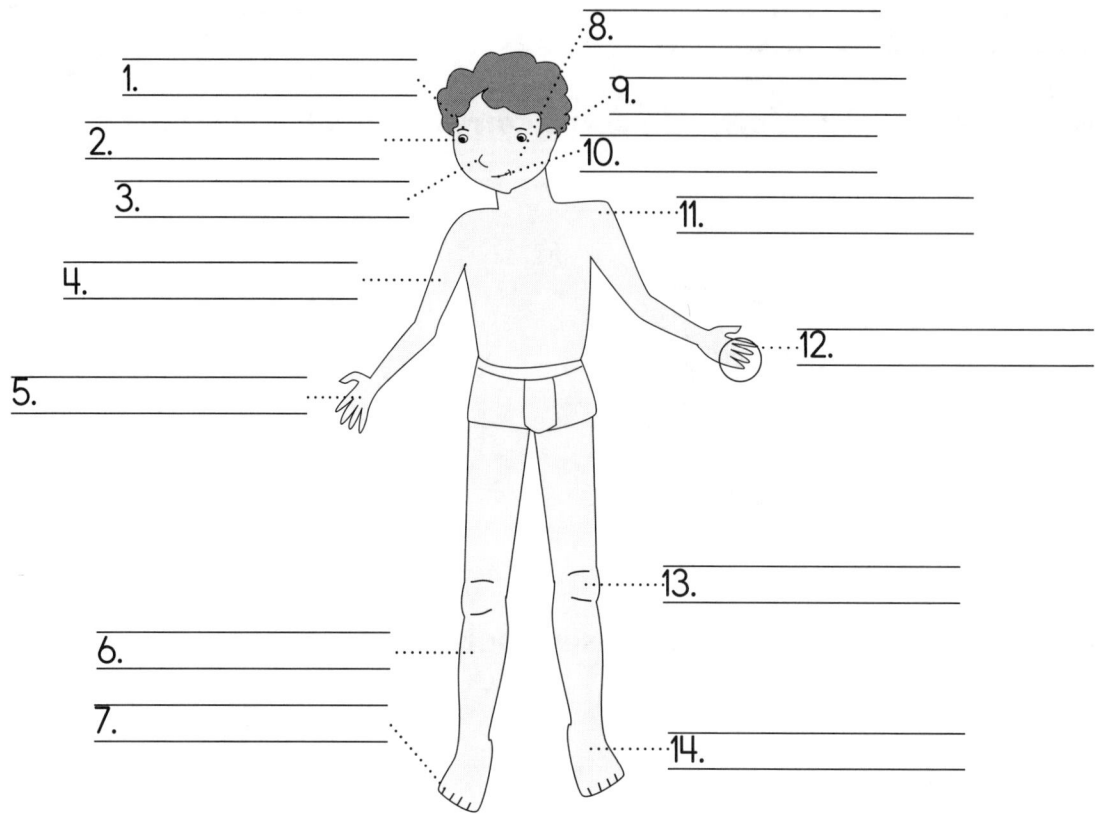

1. _____
2. _____
3. _____
4. _____
5. _____
6. _____
7. _____
8. _____
9. _____
10. _____
11. _____
12. _____
13. _____
14. _____

2. La langue te permet de goûter les saveurs. Écris le nom de deux aliments salés, deux aliments sucrés et deux aliments surs.

_____ _____ _____
_____ _____ _____
_____ _____ _____
_____ _____ _____

Exercices

3. Écris sous chaque visage l'émotion représentée (colère, tristesse, joie, peur).

a) _____   b) _____   c) _____   d) _____

4. Complète ton arbre généalogique en remplissant les cases avec les noms des membres de ta famille.

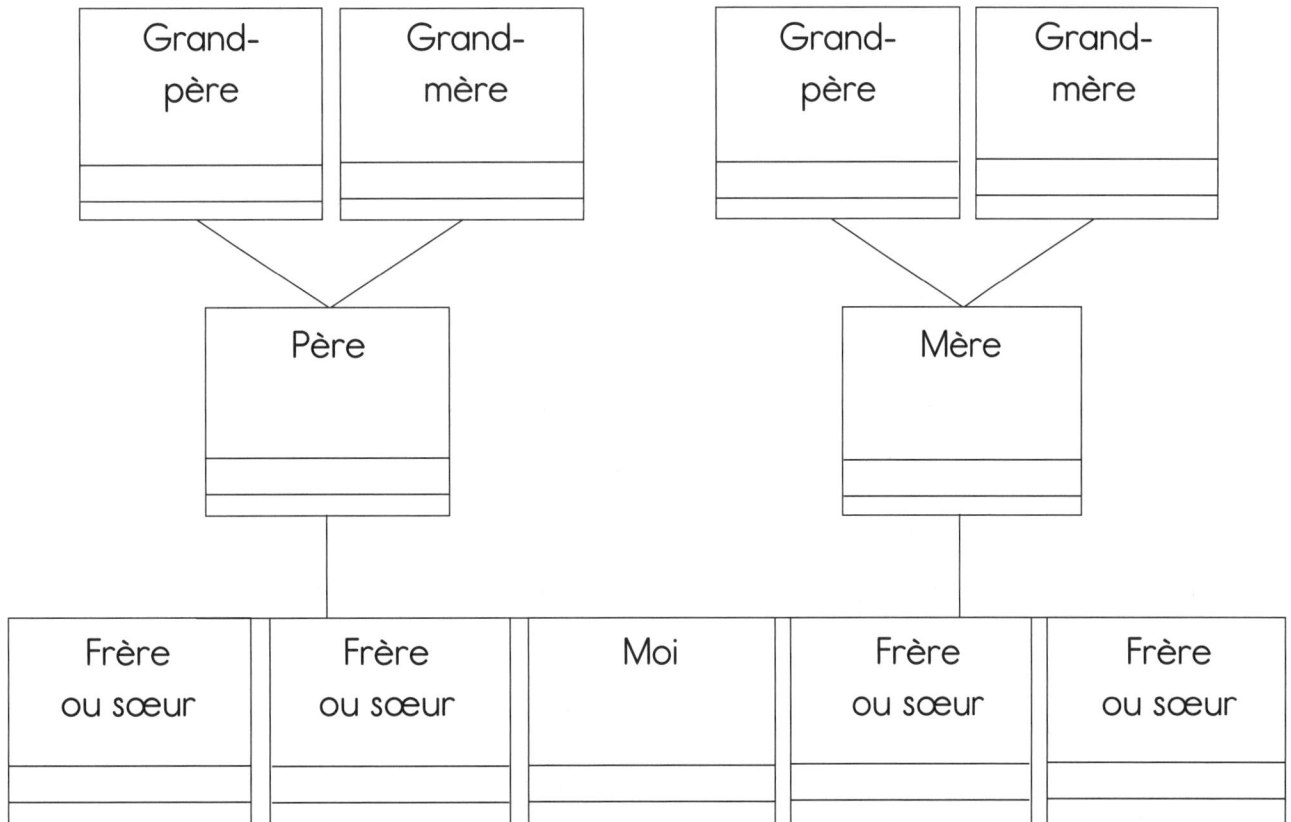

| Grand-père | Grand-mère | | Grand-père | Grand-mère |

| Père | | | Mère |

| Frère ou sœur | Frère ou sœur | Moi | Frère ou sœur | Frère ou sœur |

5. En te servant des mots dans l'encadré, écris le nom des vêtements.

chemise	gant	tuque	souliers
robe	chapeau	manteau	pantoufle
jupe	pantalon	mitaine	botte

a) _____

b) _____

c) _____

d) _____

e) _____

f) _____

g) _____

h) _____

i) _____

j) _____

k) _____

l) _____

6. Relie le métier à la phrase qui le décrit.

a) Je fabrique du pain.   illustrateur ou illustratrice

b) Je répare les vêtements.   pompier ou pompière

c) Je soigne les malades.   boulanger ou boulangère

d) J'apprends à lire aux enfants.   écrivain ou écrivaine

e) J'écris des livres.   cultivateur ou cultivatrice

f) Je cultive des légumes.   médecin

g) Je dessine.   policier ou policière

h) J'arrête les voleurs.   couturier ou couturière

i) J'éteins les incendies.   enseignant ou enseignante

Exercices

1. Écris quatre parties de ton corps.

_____   _____   _____   _____

_____   _____   _____   _____

2. Quel sens te permet de voir ?

_____

_____

3. Complète la phrase suivante.

La tristesse, la colère et la joie sont des _____.

4. Complète la phrase suivante.

Par rapport à toi, la sœur de ton père est ta _____.

5. Parmi les deux groupes de vêtements suivants, encercle celui qui est le plus approprié pour la saison chaude.

a) Lunettes de soleil, t-shirt, short, sandales.

b) Tuque, mitaine, habit de neige, bottes.

6. Complète les phrases suivantes.

     architecte   vendeur ou vendeuse   boucher ou bouchère

a) Je travaille dans un magasin. Je suis un _____ ou une

_____.

b) Je conçois les plans des maisons. Je suis un (e) _____.

c) Je coupe la viande. Je suis un _____ ou une _____.

Test

1. **Fais un x sous la ou les parties du corps qui te permettent d'accomplir les tâches décrites dans le tableau.**

	Bras	Main	Jambes	Pieds	Tête
Jouer au soccer					
Lancer un ballon					
Résoudre un problème de math					
Laver la vaisselle					
Dessiner					
Courir					

2. **Fais un x dans la bonne colonne vis-à-vis les mots qui se rapportent aux sens les plus stimulés.**

	Ouïe	Odorat	Toucher	Goûter	Vue
Raisins					
Étoile					
Gâteau					
Flatter un chat					
Cloche					
Vinaigre					

Exercices

3. En te servant des mots de la banque, complète les phrases suivantes.

de la peur   de l'inquiétude   de la joie   de la peine

a) Tu as reçu le cadeau dont tu rêvais. Tu ressens _____.

b) Tu as perdu un objet précieux à tes yeux. Tu ressens _____.

c) Tu as fait un horrible cauchemar. Tu ressens _____.

d) Tu ne retrouves plus tes parents. Tu ressens _____.

4. Réponds aux questions suivantes.

frères et sœurs   mère   oncle   grands-parents
cousins et cousines   neveu ou nièce   tante   père

a) Les enfants de ton oncle et de ta tante sont tes _____ et
   _____.

b) La sœur de ta mère ou de ton père est ta _____.

c) Le père et la mère de ton père sont tes _____.

d) Le frère de ton père ou de ta mère est ton _____.

e) Le fils de tes grands-parents est ton _____.

f) Les enfants de ton père et de ta mère sont tes _____ et
   _____.

g) Pour ton oncle et ta tante, tu es leur _____ ou leur
   _____.

h) La fille de tes grands-parents est ta _____.

Exercices

5. Souligne les noms de vêtement dans la comptine.

Le bon roi Dagobert

Avait sa culotte à l'envers.

Le grand saint Eloi

Lui dit « Ô mon roi

Votre Majesté

Est mal culottée. »

« C'est vrai, lui dit le roi,

Je vais la remettre à l'endroit. »

Le bon roi Dagobert

Fut mettre son bel habit vert.

Le grand saint Eloi

Lui dit « Ô mon roi

Votre habit paré

Au coude est percé. »

« C'est vrai, lui dit le roi,

Le tien est bon, prête-le moi. »

Le bon roi Dagobert

Avait des bas rongés de vers

Le grand saint Eloi

Lui dit « Ô mon roi

Vos deux bas cadets

Font voir vos mollets »

« C'est vrai, lui dit le roi,

Les tiens sont neufs, donne-les moi. »

6. Réponds aux questions suivantes.

Quel est le métier de ta mère ? _____

Quel est le métier de ton père ? _____

Que voudrais-tu faire quand tu seras grand(e) ? _____

1. Écris les chiffres suivants en lettres.

a) 15: _____

b) 20: _____

c) 12: _____

d) 10: _____

2. Comment s'appelle l'objet qui te permet de taper des mots quand tu te sers de ton ordinateur?

_____
_____

3. Comment s'appelle la pièce d'équipement qui protège la tête du gardien de but au hockey?

_____
_____

4. De quoi se sert un surfeur des neiges pour descendre les pentes?

_____
_____

5. Nomme l'un des quatre groupes alimentaires.

_____
_____

6. Nomme un moyen de transport.

_____
_____

7. De quelle couleur sont les bananes?

_____
_____

Test

1.   Relie le nombre écrit en chiffres à son nombre écrit en lettres.

5	un
31	vingt-sept
8	cinquante
1	huit
27	cinq
50	quarante-quatre
44	trente et un

2.   En te servant de la banque de mots, écris les différentes parties d'un ordinateur.

tapis de souris   souris   écran
lecteur de CD/DVD   clavier   webcaméra   haut-parleurs

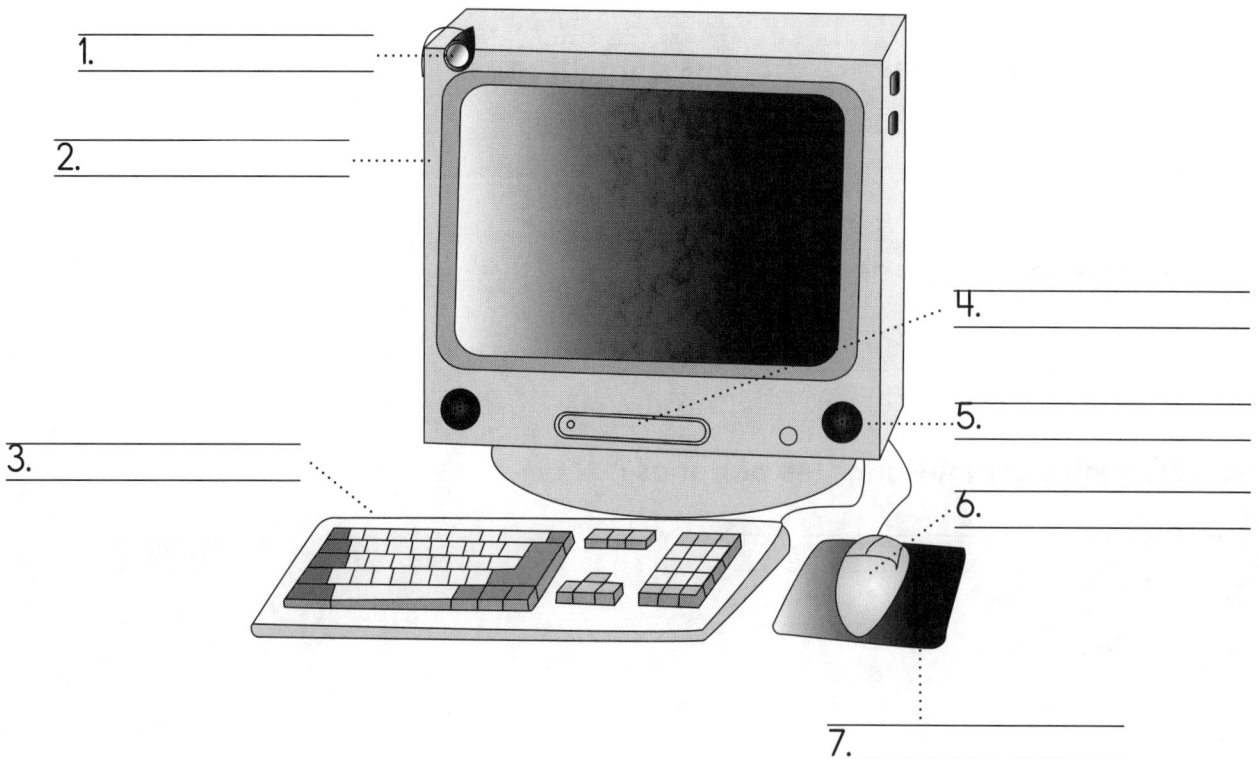

1. _____

2. _____

4. _____

5. _____

3. _____

6. _____

7. _____

Exercices

3. Écris le nom des différentes pièces de l'équipement d'un gardien de but.

masque   bouclier   mitaine   jambière   patins   bâton

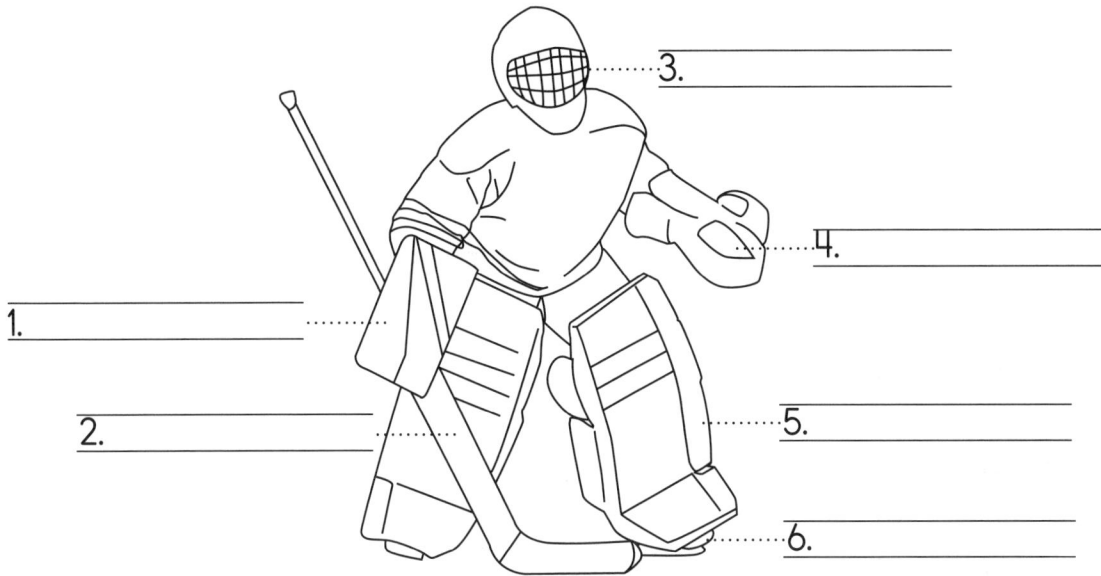

3. _____

4. _____

1. _____

2. _____

5. _____

6. _____

4. Écris le nom des quatre groupes alimentaires sous chacun d'eux.

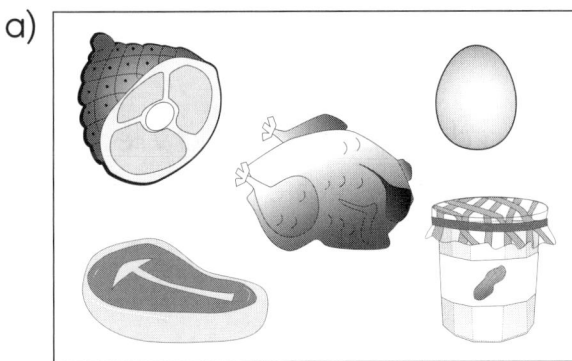

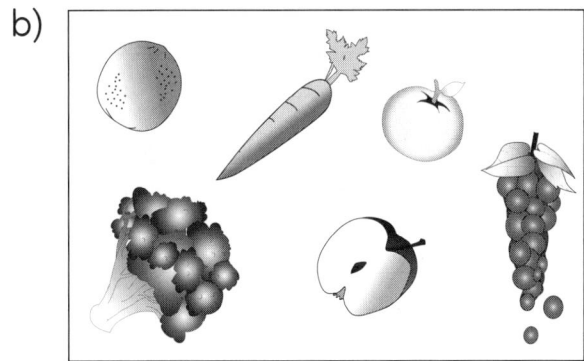

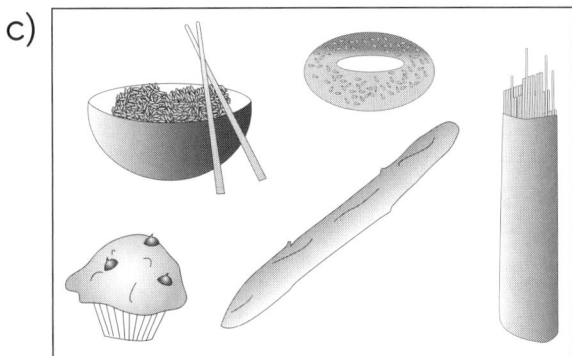

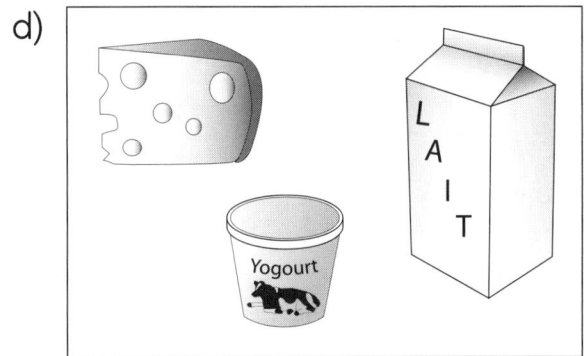

a)

_____
_____

b)

_____
_____

c)

_____
_____

d)

_____
_____

Yogourt

LAIT

Exercices

5. Lis la définition et écris de quel moyen de transport il s'agit.

a) Je suis de forme allongée et je transporte plusieurs personnes en même

temps. Je circule dans les rues de la ville. _____

b) Je circule sous la terre. _____

c) Je vole à l'aide d'un moteur à réaction. Je transporte les gens qui partent

en voyage. _____

d) Je flotte sur l'eau. _____

e) Je roule sur des rails. _____

f) J'ai deux roues et un pédalier. Je suis un moyen de transport écologique.

_____
_____

g) Je suis le moyen de transport le plus commun dans les rues de la ville.
J'ai quatre roues et je transporte ta famille et toi dans vos déplacements.

_____
_____.

6. Colorie les carrés de la couleur demandée.

brun

jaune

rouge

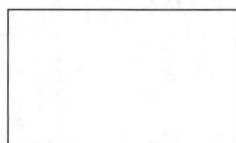

rose

bleu

noir

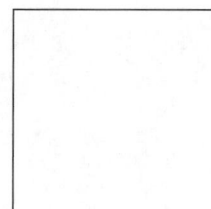

violet

vert

Exercices

1. Écris les nombres suivants en lettres.

a) 21: _____

b) 100: _____

c) 60: _____

d) 39: _____

2. Encercle la bonne réponse.

La personne qui navigue dans Internet est:　une navigatrice　une internaute.

3. Écris le nom de quatre sports.

_____ _____ _____ _____

_____ _____ _____ _____

4. Encercle les aliments qui font partie du groupe des viandes et substituts.

beurre d'arachide　muffin　jambon　riz　poisson　bœuf　pain

5. Nomme un moyen de transport écologique.

_____

_____

6. Replace les lettres des noms de couleurs dans le bon ordre.

a) unjae _____

b) rtve _____

c) eubl _____

d) geuro _____

e) unrb _____

f) irno _____

Test

1. Écris les nombres suivants en chiffres.

a) trois _____   b) sept _____

c) cinquante et un _____   d) soixante-treize _____

e) quatre-vingt-dix-neuf _____   f) quatre-vingt _____

g) soixante-dix-sept _____   h) un _____

2. Relie les mots à leur définition. Tu peux demander l'aide d'un adulte.

Internet   Courriel   Site Internet   Logiciel   Clavardage

a) Message reçu ou envoyé par courrier électronique. _____

b) Ensemble de programmes qui permet, entre autres, de jouer à un jeu sur

l'ordinateur. _____

c) Réseau informatique mondial. _____

d) Conversation écrite en temps réel entre deux internautes. _____

e) Hôte internet dont l'adresse commence par www. _____

3. Peux-tu remettre les lettres des mots suivants dans le bon ordre ?

a) rissou : _____   b) anécr : _____

c) iriantemmp : _____   d) viercla : _____

Exercices

4. En te servant de la banque de mots, écris le nom des différentes parties d'une bicyclette.

frein   roue   pneu   pédale   dérailleur   selle   porte-bagages   guidon

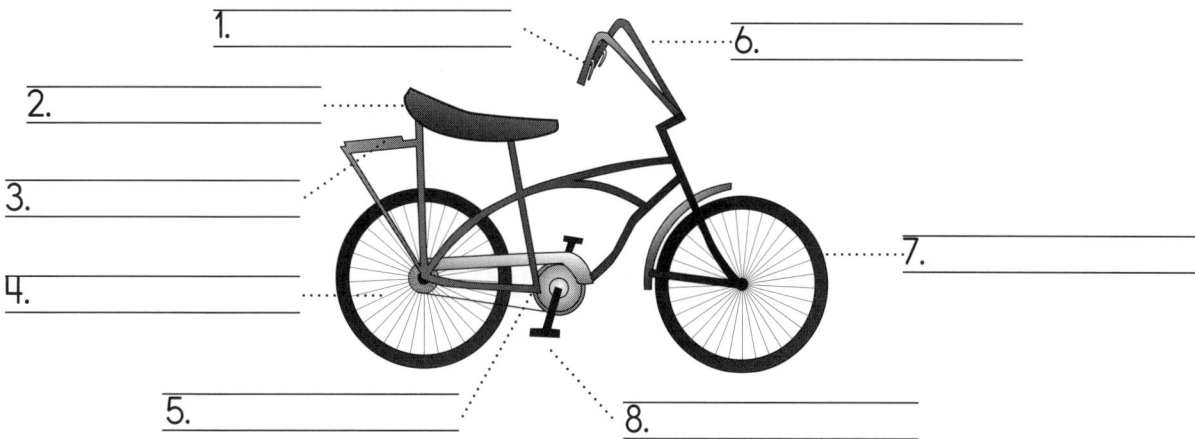

1. _____

6. _____

2. _____

3. _____

4. _____

7. _____

5. _____

8. _____

5. Écris le nom des aliments dans le bon groupe.

macaroni   steak   poisson   brocoli   riz   pain   lait   yogourt   carotte
fromage   muffin   crème glacée   fraise   poulet   pomme   œufs

Fruits et légumes	Viandes et substituts

Produits céréaliers	Produits laitiers

Exercices

6. **Relie les moyens de transport avec leur point d'arrivée.**

train	marina
avion	gare
hélicoptère	aéroport
paquebot	héliport
voilier	port

7. **Colorie l'image selon les couleurs demandées.**

1. vert
2. bleu
3. jaune
4. rouge
5. violet

Exercices

1. Relie les mots qui riment.

cadeau   trompette

jonquille   marmotte

garçon   quille

lunettes   joyeux

trottoir   loup

carotte   leçon

amoureux   château

août   voir

2. Lis la définition et écris de quel mot il s'agit au bout de la ligne.

Lait   laid

a) Qualifie un objet qui n'est pas beau. _____

b) Liquide blanc. _____

3. Complète les phrases en utilisant les mots invariables de la banque.

par   quand   souvent   dans   et

_____, le soir, _____je n'arrive pas à dormir, je me

cache _____ le placard _____je lis, éclairé

_____ ma lampe de poche.

Test

1. Replace les mots manquants dans le poème. N'oublie pas que chaque vers (ligne) rime avec le précédent.

l'admira   dromadaires

Le dromadaire

Avec ses quatre _____
Don Pedro d'Alfaroubeira
Courut le monde et _____.
Il fit ce que je voudrais faire
Si j'avais quatre dromadaires.

Guillaume Apollinaire - *Le bestiaire*

2. Un calligramme est un poème qui prend la forme d'un objet dont on parle dans le poème. Nous te donnons un exemple. Maintenant, écris le texte autour du cœur : Je t'aime de tout mon cœur mon petit bonheur.

LA CRAVATE
DOU
LOU
REUSE
QUE TU
PORTES
ET QUI T'
ORNE Ô CI
VILISÉ
OTE-   TU VEUX
LA   BIEN
SI   RESPI
          RER

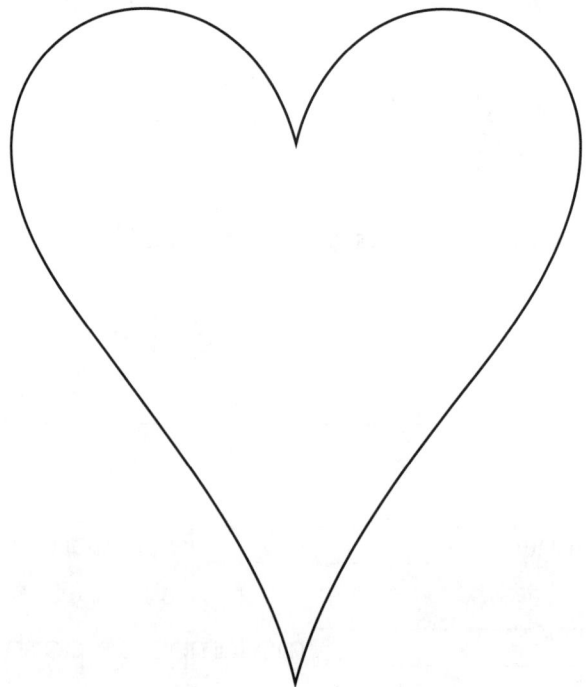

Guillaume Apollinaire

Exercices

3. Choisis le bon mot invariable.

a) J'aime _____ beaucoup _____ mon chat.
    comme

b) Je lis _____ pour _____ le soir avant de dormir.
    souvent

c) J'adore dormir _____ chez _____ mon amie Zoé.
    beaucoup

d) Alex écoute _____ parfois _____ la radio.
    dans

e) Igor ne joue _____ dans _____ aux échecs.
    jamais

f) Les tigres rugissent _____ comme _____ fort.
    très

g) La pièce est éclairée _____ voilà _____ une chandelle.
    par

h) La pomme _____ comme _____ l'orange sont des fruits.
    près

Exercices   107

4. Choisis le bon homophone (mots qui se prononcent de la même manière mais s'écrivent différemment).

a) Le
        ver
_____ de terre vit dans le sol.
        verre

b) J'aime ma
        mer
_____ .
        mère

c) J'ai donné un
        cou
_____ de pied sur le ballon.
        coup

d) J'ai mangé du
        pain
_____ ce matin.
        pin

e) Je bois de l'
        haut
_____ .
        eau

f) Le
        champ
_____ des oiseaux est comme une musique à mes oreilles.
        chant

g) Je n'ai plus d'
        ancre
_____ dans mon stylo.
        encre

h) J'ai trouvé
        cent
_____ sous.
        sang

Exercices

1. Trouve des mots qui riment avec les mots suivants.

a) magicien _____ b) février _____

c) lundi _____ d) juin _____

e) juillet _____ f) melon _____

2. Relie les vers qui riment par une flèche.

À ma mère

Ô toi, dont les soins prévoyants,

Dans les sentiers de cette vie

Dirigent mes pas nonchalants,

Ma mère, à toi je me confie.

Des écueils d'un monde trompeur

Écarte ma faible nacelle.

Je veux devoir tout mon bonheur

À la tendresse maternelle.

Alfred de Musset

3. Complète les phrases suivantes.

jamais   pourtant   voici

a) _____ ma meilleure amie.

b) Il ne faut _____ dire « Fontaine, je ne boirai pas de ton eau. »

c) Je croyais _____ avoir fermé la lumière.

4. Encercle le mot qui correspond à la définition.

Quelqu'un de stupide.   sot   ou   seau

Test

1. Écris au bon endroit les mots qui riment pour connaître le petit chien Fido.

tapis   chaussures   fatigué   Roméo   félicite   foyer   content

a) Mon nom est Fido,
Je vis avec mon maître _____.

b) Je suis un petit chien gentil
Mais je fais pipi sur le _____.

c) Je jappe souvent
Lorsque je ne suis pas _____.

d) Je ne cours pas encore très vite
Mais Roméo me _____.

e) J'adore qu'on caresse ma fourrure
Alors je ne ronge plus les _____.

f) À la fin de la journée,
Je suis très _____.

g) Je vais alors me coucher
Devant le _____.

2. Compose deux autres phrases qui riment comme dans le poème de Fido.

_____
_____
_____
_____

Exercices

3. **Lis chacune des consignes et suis les directions : encercle le mot sur lequel Hip Hip Hip s'arrête après chaque consigne. Trace ensuite une ligne pour montrer le chemin parcouru par Hip Hip Hip. Attention, il ne doit s'arrêter que sur des mots invariables.**

Hip Hip Hip	nez	lire	Clara	gros	jupe	par	insecte
neige	image	loup	et	père	melon	cri	taille
jardin	pour	fort	train	blanc	éclair	reine	dé
pluie	élève	mot	kiwi	souvent	joli	docteur	auto
repas	peau	canon	jamais	hiver	bas	café	hourra !

a) Avance d'un carré vers la droite, descends de deux carrés. Sur cette case,

il y a le mot : _____

b) Avance d'un carré vers la droite. Descends de deux carrés. Avance d'un

carré vers la droite. Sur cette case, il y a le mot : _____

c) Monte d'un carré. Avance d'un carré vers la droite. Sur cette case, il y a le

mot : _____

d) Avance d'un carré vers la droite. Monte de deux carrés. Avance de deux

carrés vers la gauche. Sur cette case, il y a le mot : _____

e) Monte d'un carré. Avance de trois carrés vers la droite. Sur cette case,

il y a le mot : _____

f) Avance d'un carré vers la droite. Descends de quatre carrés. Hip Hip Hip

Hourra !

Tu es arrivé(e) !

Exercices

4. Aide Fido à se rendre à sa niche. Lis les indices. Ensuite, trouve l'homophone correspondant dans la banque de mots au bas de la page et écris-le dans la case correspondante.

1. camp

2. poing

3. sans

4. elle

5. fois

6. voie

7. sont

8. ancre

9. dans

10. ce

11. cet

12. en

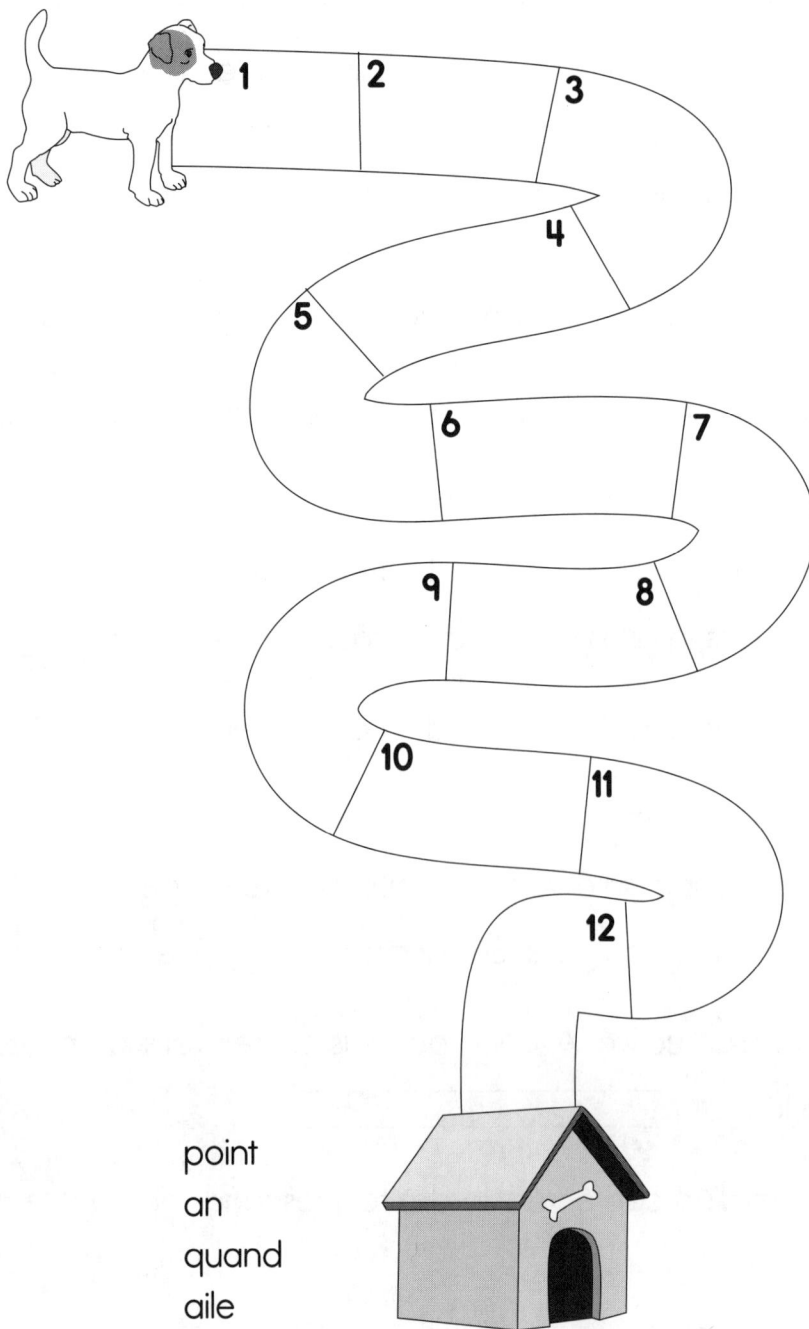

son	se	point
foie	dent	an
voix	cent	quand
encre	sept	aile

Exercices

Lis le texte et réponds aux questions.

1. Les araignées

Il existe environ 35 000 espèces d'araignées dans le monde. Pas plus d'une centaine d'espèces sont dangereuses pour l'être humain et aucune d'elles ne vit au Québec.

Les araignées ne piquent pas ; elles mordent. Alors, il ne faut plus dire que nous nous sommes faits piquer par une araignée.

Toutes les araignées produisent de la soie qui sert à fabriquer leur toile, à protéger leurs œufs ou à emprisonner des insectes. Elles sont très utiles puisqu'elles mangent une grande quantité d'insectes.

Les araignées ont huit pattes et souvent, leurs yeux sont au nombre de deux, quatre, six ou huit. Même si elles ont plusieurs yeux, les araignées ne voient pas bien.

La plus dangereuse des araignées est la veuve noire. Son venin est mortel pour l'être humain. La femelle mesure au maximum 15 mm. Les femelles vivent en moyenne de 12 à 18 mois et les mâles, 8 mois.

Les araignées suscitent la crainte chez plusieurs personnes, certaines en ont même une peur maladive. Et toi, as-tu peur des araignées ?

a) Pourquoi les araignées sont-elles utiles ? _____

b) Les araignées ne piquent pas ; elles _____.

c) Combien d'yeux peut avoir une araignée ? _____

d) Combien d'espèces d'araignées y a-t-il ? _____

Test

Lis le texte et réponds aux questions.

2. La canneberge

La canneberge, que les Amérindiens appelaient *ataca* ou *atoca*, est un petit fruit sauvage de l'est de l'Amérique du Nord. Les Amérindiens la consommaient séchée ou l'ajoutaient au pemmican (plat de viande séchée). C'est d'ailleurs eux qui l'ont fait connaître aux premiers colons du Québec.

Plusieurs personnes croient à tort que cette petite baie rouge est cultivée dans l'eau. En fait, cette plante rampante est cultivée dans des champs bordés de digues de 2 mètres de haut. Lorsque le temps des récoltes arrive, à la fin septembre, les champs sont inondés. Une batteuse mécanique détache les petits fruits qui flottent sur l'eau. Le vent les pousse ensuite sur les bords du bassin. Il ne reste plus qu'à les recueillir.

La canneberge se consomme fraîche ou séchée. On la transforme en jus, en concentré ou en gelée. D'ailleurs, la gelée de canneberge accompagne la traditionnelle dinde du temps de Noël.

Ce fruit est riche en vitamine C et est excellent pour la santé.

a) Combien mesurent les digues qui entourent les champs de canneberges ?
   _____
   _____

b) De quelle couleur sont les canneberges ? _____

c) En quoi transforme-t-on les canneberges ? _____

d) Comment les Amérindiens appelaient-ils la canneberge ?
   _____
   _____

e) En quoi la canneberge est-elle riche ? _____

Exercices

2. Inscris le numéro de la définition qui correspond au proverbe. Nous te donnons la réponse au premier.

a) À cœur vaillant, rien d'impossible.   4

b) Après la pluie, le beau temps. _____

c) Bien mal acquis ne profite jamais. _____

d) Chat échaudé craint l'eau froide. _____

e) Donner un œuf pour avoir un bœuf. _____

f) Il faut tourner sept fois sa langue dans sa bouche avant de parler. _____

g) Plus on est de fous, plus on rit. _____

h) Quand le chat est parti, les souris dansent. _____

1. Faire un petit cadeau dans l'espoir d'en recevoir un gros en retour.
2. La joie suit souvent la tristesse.
3. Plus il y a de gens, plus on s'amuse.
4. Avec du courage, on vient à bout de bien des obstacles.
5. Il faut réfléchir avant de parler.
6. Quand la personne en charge de l'autorité est partie, les enfants en profitent.
7. C'est la peur de revivre une même situation pénible.
8. On ne peut profiter sans remords des biens mal acquis.

Exercices

Lis le texte et réponds aux questions.

3. Le matin de l'Halloween

Enfin ! C'est l'Halloween aujourd'hui. J'ai le droit de me déguiser pour aller à l'école. Je ne peux plus attendre, j'enfile mon costume de sorcière. Ça fera toute une surprise à maman de voir une sorcière assise à table devant un bol de céréales.

Je descends tout doucement l'escalier. Rendue en bas, c'est étrange : pas un bruit. Normalement à cette heure-là, mon père prépare le petit-déjeuner pendant que ma mère prend sa douche. C'est étrange. J'ai un peu peur !

Je me dirige vers la salle de bains … personne. Mais où est tout le monde ? Je retourne à la cuisine et là … deux immenses fantômes m'accueillent en hurlant. Et j'ai … hurlé ! Eh oui, c'était mon père et ma mère qui voulaient me jouer un tour. Et moi qui croyais leur faire peur. C'est moi qui ai eu toute une frousse.

a) Que fait normalement le père à l'heure où la jeune fille descend l'escalier ?
_____
_____

b) Quel jour se déroule l'histoire ? _____

c) En quoi la jeune fille se déguise-t-elle ? _____

d) En quoi ses parents sont-ils déguisés ? _____

e) Trouve un mot qui veut dire la même chose que *frousse*.
_____
_____

Exercices

Lis le texte et réponds aux questions.

1. La légende du yéti

Le yéti serait une bête qui ressemblerait à un mélange de singe, d'ours et d'être humain. Cet animal haut de 3 mètres aurait le corps couvert de poils et des pieds de 43 centimètres de long. Il se déplacerait sur deux pattes, mais se servirait de ses quatre pattes pour courir.

Le yéti, ou l'abominable homme des neiges, aurait été aperçu par des centaines de personnes dans le massif himalayen où il vivrait. Mais les scientifiques, faute de preuves concluantes, refusent d'admettre l'existence du yéti. Il faut dire que plusieurs personnes ont présenté des prétendues preuves, par exemple, le tibia d'un léopard des neiges.

Ici, au Canada, en Colombie-Britannique, l'équivalent du yéti existerait : c'est le Sasquatch qui aurait la même apparence que celle du yéti.

D'autres légendes mettant en vedette des créatures étranges circulent dans le monde. Il y aurait un monstre qui vivrait dans le Loch Ness, en Écosse. Un animal similaire existerait dans le lac Memphrémagog dans les Cantons-de-l'Est.

Mais dans tous les cas, personne n'a réussi à prouver l'existence de ces étranges bêtes.

a) Le tibia de quel animal a été présenté comme preuve de l'existence du yéti ?
   _____
   _____

b) Nomme un autre nom du yéti. _____

c) Le yéti mesure combien de mètres ? _____

d) Crois-tu que le yéti existe ? _____

Test

Lis le texte et réponds aux questions.

1. La bannique.

La recette de la bannique nous vient des Amérindiens. Ce pain faisait partie de leur alimentation quotidienne.

Matériel

1 grand bol

1 cuiller de bois

1 tôle à biscuits

Tasses et cuillers à mesurer

Ingrédients

500 ml de farine

1 pincée de sel

15 ml de levure chimique (poudre à pâte)

250 ml d'eau

15 ml de graisse ou d'huile

Méthode

- Mélange la farine, le sel et la levure chimique (poudre à pâte).
- Ajoute l'eau et mélange jusqu'à ce que la pâte ne soit plus collante.
- Fais une galette ronde d'environ 5 cm d'épaisseur et dispose-la sur la tôle badigeonnée de graisse ou d'huile.
- Cuis le tout au four à 180 °C, 15 minutes de chaque côté. Laisse refroidir un peu avant de manger.

a) De quelle quantité d'eau as-tu besoin? _____

b) La bannique, c'est: des pâtes alimentaires, du pain ou de la soupe?
_____
_____

c) Quelle épaisseur doit avoir la galette? _____

Exercices

Lis le texte et réponds aux questions.

2. Prendre soin de son corps

Prendre soin de son corps, c'est adopter des comportements qui sont bons pour toi.

Il faut bien s'alimenter pour grandir en santé. Des fruits, des légumes en grande quantité, du lait, du pain, de la viande et du poisson sont bons pour toi.

Il faut faire de l'exercice pour maintenir son corps en forme. Courir, danser, faire du vélo, jouer au ballon renforceront tes muscles.

Évite les aliments très gras ou très sucrés.

Dors de 9 à 10 heures par nuit.

Prends ton bain régulièrement. Lave tes mains avant et après les repas.

Et voilà un enfant propre dans un corps en santé !

a) Combien d'heures par jour faut-il dormir ? _____
_____

b) Nomme un aliment qui est bon pour ta santé.
_____
_____

c) Quand dois-tu laver tes mains ? _____
_____

d) Nomme un sport que tu pourrais pratiquer pour être en forme.
_____
_____

e) Quels genres d'aliments dois-tu éviter ? _____
_____

Exercices

Lis le texte et réponds aux questions.

3. Le géant Beaupré

Joseph Édouard Beaupré est né le 9 janvier 1881 dans un petit village de la Saskatchewan. À l'âge de 3 ans, il se met à grandir de façon alarmante si bien qu'à l'âge de 9 ans, il mesure 2,1 mètres et à 17 ans, 2,40 mètres.

Peu avant sa mort, il s'engage dans un cirque et fait des numéros d'homme fort. Il peut plier des barres de fer et soulever des charges de 408 kg. À cette époque, il mesure 2,52 m, pèse 165 kg. Son tour de cou fait 53 cm, ses mains 31 cm et il chausse du 22!

Le 3 juillet 1904, à St-Louis, au Missouri, le géant Beaupré meurt à l'âge de 23 ans des suites d'une maladie pulmonaire.

Personne ne pouvant payer les embaumeurs, ces derniers décident d'exposer le corps du géant dans la vitrine d'un magasin dans le but de faire un peu d'argent. Les autorités les ont obligés à cesser immédiatement.

Ensuite, on perd la trace du géant jusqu'aux environs de 1906, où son corps est exposé au musée Éden, à Montréal. Par la suite, on se sait ni comment ni pourquoi, le corp du géant Beaupré aboutit dans un hangar, où des enfants l'ont trouvé.

Transporté à l'Université de Montréal, le corps est conservé à l'abri des regards jusqu'en 1989. Cette année-là, on incinère son corps et l'année suivante, le géant est enfin mis en terre. Ces cendres reposent au pied d'une statue grandeur nature dans le village qui l'a vu naître.

a) Quelle grandeur de chaussures chaussait le géant Beaupré?
_____
_____

b) En quelle année est né le géant Beaupré? _____

c) Combien mesurait le géant Beaupré peu avant sa mort?
_____
_____

d) Quel était le prénom du géant Beaupré? _____

Lis le texte et réponds aux questions.

1. Voyage à Lilliput

Lemel Gulliver était chirurgien pour la marine. Il naviguait vers l'Angleterre lorsque le navire a fait naufrage. Gulliver trouva refuge sur l'île de Lilliput. Épuisé, il s'endormit sur la plage.

À son réveil, impossible de se lever ! Il était retenu au sol par de minuscules liens. Quelle ne fut pas sa surprise lorsqu'il vit une minuscule créature mesurant à peine 8 cm. Les Lilliputiens, le nom des habitants de l'île Lilliput, le gardèrent prisonnier sur l'île pendant plusieurs mois. Il réussit à s'échapper sans oublier d'apporter avec lui de minuscules vaches et moutons de l'île.

a) Comment s'appellent les habitants de Lilliput ? _____

b) Vers où naviguait Gulliver lorsqu'il fait naufrage ? _____

c) Qu'a-t-il rapporté avec lui ? _____

d) Combien mesure un Lilliputien ? _____

e) Quand Gulliver se réveille sur la plage, qu'est-ce qui le surprend?
_____
_____

Lis le texte et réponds aux questions.

1. Le grand requin blanc

Le grand requin blanc n'a pas du tout le corps blanc. Il est plutôt de couleur grise. Son corps ressemble à une torpille. Il mesure jusqu'à 9 mètres, soit aussi long que deux voitures mises bout à bout. Il vit dans presque tous les océans de la planète.

Le grand requin blanc doit nager tout le temps, sinon il coule et il meurt. Ses dents sont aussi coupantes qu'un rasoir. Il est capable de sentir une goutte de sang dans une grande quantité d'eau.

Le grand requin blanc est souvent accusé d'être un mangeur d'êtres humains. Toutefois, les scientifiques croient qu'il confond l'humain avec ses proies habituelles. En effet, vu d'en dessous, un surfeur sur sa planche ressemble à un phoque.

Malgré tout, il faut quand même être prudent. Le grand requin blanc est un animal féroce dont il faut se méfier.

a) À quoi ressemble un surfeur vu d'en dessous ? _____

b) Que peut sentir le grand requin blanc dans une grande quantité d'eau ?
    _____
    _____

c) De quelle couleur est le grand requin blanc ? _____

d) Jusqu'à combien de mètres peut mesurer un grand requin blanc ?
    _____
    _____

e) Aimerais-tu voir un grand requin blanc ? _____

f) Si oui, est-ce que tu aurais peur ? _____

Exercices

Lis le texte et réponds aux questions.

2. Le match de hockey

Mathieu est triste. Son équipe de hockey a perdu le tournoi organisé par le maire de la ville.

Tout avait si bien commencé. Mathieu et ses coéquipiers avaient facilement remporté le premier match. Mais le deuxième fut beaucoup plus difficile. L'équipe adverse était beaucoup plus forte qu'eux.

Tous les coéquipiers de Mathieu en avaient plein les bras à empêcher l'autre équipe de marquer. Impossible de remonter dans sa zone des buts.

Finalement, après trois épuisantes périodes, l'équipe de Mathieu s'est inclinée 3 à 0 devant ses adversaires.

Dans la chambre des joueurs, c'est la consternation. Personne ne parle. Plusieurs retiennent difficilement leurs larmes.

L'entraîneur, monsieur Caron, entre dans la chambre des joueurs et dit : « Voyons, les gars ! Je suis très fier de vous. Vous avez bien joué. L'important n'est pas de gagner, mais de faire de son mieux et s'amuser. »

Et là, sans crier gare, il se met à les arroser avec sa bouteille d'eau. Alors là, ils ont eu du plaisir ! Ils sont sortis de la chambre des joueurs complètement trempés.

Mathieu rentre à la maison le cœur léger. Monsieur Caron avait raison. Mathieu et ses coéquipiers ont fait de leur mieux et ils ont eu tellement de plaisir !

a) Qu'a fait monsieur Caron pour faire rire son équipe ?
_____
_____

b) Pourquoi les joueurs ont-ils envie de pleurer ? _____

c) Monsieur Caron avait-il raison de dire que l'important c'est de participer et non de gagner ? _____

Exercices

Lis le texte et réponds aux questions.

3. La soirée pyjama de Mahée

Mahée organise une soirée pyjama pour son anniversaire. Depuis plusieurs jours, elle travaille à l'organisation de sa fête. La grande fête aura lieu samedi le 15 avril à 16 h 00. Toutes ses amies dormiront à la maison. Elle leur demande d'apporter leur sac de couchage et leur oreiller.

Elle a préparé une liste de jeux auxquels elle pourra jouer avec ses amies. La chaise musicale, le jeu de l'âne, des devinettes et plein d'autres jeux amusants sont au programme.

Elle est allée au club vidéo avec sa mère pour louer des films qu'elle et ses amies écouteront durant la soirée.

Puis, sa mère a acheté de la pizza, des jus, du maïs soufflé et des chips pour nourrir la bande d'amies de sa fille.

Tout est prêt, il me manque que les invitées.

Remplis le carton d'invitation selon les informations que tu trouveras dans le texte.

Tu es invitée à la fête de _____

Date : _____ Heure : _____

Apporte ton _____ et ton _____

Nous regarderons _____ et mangerons

_____

Exercices

Lis le texte et réponds aux questions.

1. Le *Queen Mary 2*

Le *Queen Mary 2* est le plus gros bateau de croisière au monde. Ce paquebot est un véritable palais flottant.

Dans ses 1310 cabines, il peut accueillir 2620 passagers. Les 1253 membres du personnel s'occupent des passagers, d'une vingtaine de restaurants, de cinq piscines, du casino, de la bibliothèque, du cinéma en plein air et de plein d'autres choses.

Le navire compte 12 ponts, c'est-à-dire 12 étages ; il est aussi haut qu'un édifice de 23 étages.

Il faut cinq jours pour relier l'Angleterre aux États-Unis. Le premier voyage du *Queen Mary 2* a eu lieu le 12 janvier 2004.

a) Combien y a-t-il de cabines sur le *Queen Mary 2* ?

_____

_____

b) Le *Queen Mary 2* est haut comme un édifice de combien d'étages ?

_____

_____

c) Combien y a-t-il de piscines sur le *Queen Mary 2* ?

_____

_____

d) Quelle est la date du premier voyage du *Queen Mary 2* ?

_____

_____

e) Combien de jours lui faut-il pour relier l'Angleterre aux États-Unis ?

_____

_____

Test

Lis le texte et réponds aux questions.

1. Les contes des mille et une nuits

Le calife Shâriyâr tuait à toutes les nuits une jeune femme. Pour déjouer ses plans, Shéhérazade, la fille d'un vizir, raconta chaque nuit au calife une partie d'une histoire. La suite était reportée au lendemain.

Le calife était curieux de connaître la suite de l'histoire, il ne pouvait donc pas tuer Shéhérazade.

La jeune fille raconta au calife des histoires pendant 1001 nuits, dont les plus connues sont *Ali Baba et les quarante voleurs*, *Sinbad le marin* et *Aladin et la lampe magique*.

Après près de trois ans d'histoires, le calife tomba amoureux de Shéhérazade et l'épousa.

a) De qui Shéhérazade était-elle la fille ? _____
_____

b) Pendant combien de nuits Shéhérazade raconta-t-elle des histoires ?
_____
_____

c) Nomme une des histoires racontées par Shéhérazade.
_____
_____

d) Que fit le calife après trois ans ? _____
_____

Exercices

2. Regarde la grille horaire et réponds aux questions.

	9 h 00	9 h 30	10 h 00	10 h 30	11 h 00	11 h 30	12 h 00
5	Le cirque en folie		Cinéma : Le destin tragique du cheval de cirque				
Zoo TV	Documentaire : les baleines Mes amis les chats Les chevaux sauvages					La tarentule dans tous ses états	
Sports Télé	Soccer : L'Angleterre rencontre l'Italie		Hockey : Gatineau rencontre Montréal				Les stars du baseball
Bouffe Télé	Cuisine extrême	Cuisine barbecue	Desserts succulents		Les pâtes alimentaires		Légumes savoureux

a) Quelle émission joue au canal Zoo TV à 11 h 30 ? _____

b) Qui joue contre Gatineau au hockey ? _____

c) De quel aliment est-il question à 12 h 00 à Bouffe Télé ?

_____

_____

d) Quelle émission aimerais-tu écouter ? _____

e) Quel est le titre du seul film présenté ce matin-là ?

_____

_____

f) Quelle émission joue à Sports Télé à 9 h 00 ? _____

Exercices

3. Lis le résumé des livres et réponds aux questions.

Sylvie Béliveau **MES VACANCES EN ANGLETERRE** Sylvie découvre l'Angleterre en compagnie des ses parents. Le voyage qui s'annonçait tranquille vire au cauchemar. Éditions Caractère 24,95 $	Marc Tremblay **L'HISTOIRE DE MON SUCCÈS** Marc Tremblay est un sportif reconnu mondialement pour ses exploits en planche à roulettes. Ses acrobaties font la manchette de tous les journaux et plusieurs tentent de faire de même, mais sans succès. Éditions Caractère 12,95 $
Étienne Boutin **MES MEILLEURES RECETTES** Étienne est un cuisinier hors pair. Son restaurant *Le Jonathan* est connu dans le monde entier. Découvrez ses recettes de veau, de poisson, de fruits de mers et ses excellents desserts. Éditions Caractère 19,95 $	Julie Aubin **LA VIE ET LA CARRIÈRE DE JULIE AUBIN** La carrière internationale d'actrice de Julie Aubin est sans contredit la fierté du Québec. Cette jeune fille de la région de Montréal a tourné avec les plus grands réalisateurs de la planète. Vous saurez tout sur son enfance, sa carrière et ses amours. Éditions Caractère 34,95 $

Trouve quel livre a lu Anastasia.

Le livre ne traite pas de cuisine.
Le livre coûte plus de 20 $.
Le livre ne traite pas de voyage.
Le livre porte sur la vie d'une femme.

Quel est le titre du livre ? _____

**Demande à quelqu'un de te dicter les mots pour compléter ta dictée.
La dictée complète se trouve à la page 144.**

Dictée 1

Malina a placé le _____ à _____ de

l'assiette comme sa _____ le lui a appris. Elle a également

décoré la _____ avec un vase de _____

jaunes.

Sa _____ Francine, son _____ Mario,

ses grands-parents, sa _____ Amy, son cousin Mathieu,

son _____ et ses parents seront présents. C'est

l'anniversaire de Malina. Elle a _____ ans.

Elle espère recevoir en _____ le kimono

_____ qu'elle vu au magasin. Elle a tellement hâte que

son _____ est tout _____.

Joyeux anniversaire chère _____ !

Dictée 2

**Demande à quelqu'un de te dicter les mots pour compléter ta dictée.
La dictée complète se trouve à la page 144.**

_____, après le dîner, alors que je lisais dans ma

_____, j'ai senti une drôle d'odeur. Je me suis approché

de la _____ et là j'ai vu un _____ qui

faisait brûler un _____ de bois. Aussitôt, j'ai couru prévenir

mes parents. Mon _____ lui a demandé d'arrêter ce

_____ dangereux s'il ne voulait pas se blesser et aller à

_____. Le garçon a bien compris les avertissements de

mon père. Ouf, tout est bien qui finit bien !

Recopie trois fois les mots que tu as mal écrits.

_____
_____
_____
_____
_____

Exercices

Dictée 3

**Demande à quelqu'un de te dicter les mots pour compléter ta dictée.
La dictée complète se trouve à la page 144.**

Les _____, les _____, les

_____ et les _____ vivent au zoo près de

chez _____. Le _____, je les entends

pousser des cris. Je me demande bien ce qu'ils essaient de raconter.

_____, j'ai vu une _____ filante et

j'ai fait un _____.

J'ai appris à reconnaître les lettres muettes dans les mots. Par exemple, le s de

_____, le h de _____ et le *d* de

_____ ne se prononcent pas.

Recopie trois fois les mots que tu as mal écrits.

_____
_____
_____
_____
_____
_____

Exercices

Dictée 4

**Demande à quelqu'un de te dicter les mots pour compléter ta dictée.
La dictée complète se trouve à la page 144.**

1.

a) _____ lis une bande dessinée.

b) _____ allons jouer dehors.

c) _____ dansent le hip hop.

d) _____ avez réussi votre examen

2. **Voici la description de Marie. Demande à quelqu'un de te dicter les mots pour compléter son portrait. La dictée complète se trouve à la page 144.**

a) Mes yeux sont _____.

b) J'ai les cheveux _____ et _____.

c) Ils sont _____.

d) Je suis _____.

e) Je suis très _____.

Recopie trois fois les mots que tu as mal écrits.

_____

_____

_____

_____

_____

_____

Exercices

1. Écris les mots qu'un adulte te dictera. (Voir les mots à la page 144.)

a) _____

b) _____

c) _____

d) _____

e) _____

f) _____

g) _____

h) _____

i) _____

j) _____

2. Corrige les mots suivants. Ils ont tous une erreur.

a) livrre _____

b) janbon _____

c) desin _____

d) frui _____

e) joeudi _____

f) trin _____

g) plusse _____

h) foto _____

i) tomatte _____

j) etoile _____

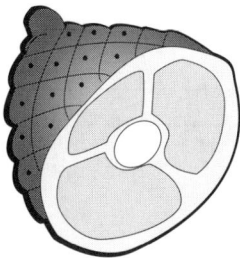

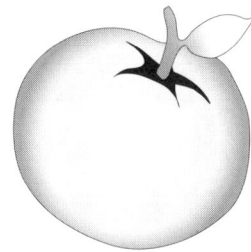

Test

Dictée 5

Demande à quelqu'un de te dicter les mots pour compléter ta dictée. La dictée complète se trouve à la page 144.

a) Carl range sa _____ .

b) Émile collectionne les _____ .

c) Kimberly _____ à la bibliothèque.

d) J'ai acheté un _____ rose.

e) C'est une _____ brumeuse.

f) Le _____ est arrivé.

g) Je n'aime pas la _____ .

h) L'automne _____ arrivé.

i) L'_____ est ma saison préférée.

Recopie trois fois les mots que tu as mal écrits.

_____

_____

_____

_____

_____

_____

Exercices

1. Écris les mots qu'un adulte te dictera. (Voir les mots à la page 144.)

a) _____   b) _____

c) _____   d) _____

e) _____   f) _____

g) _____   h) _____

i) _____   j) _____

2. Corrige les mots suivants. Ils ont tous une erreur.

a) sapeau _____   b) patatte _____

c) froidde _____   d) legume _____

e) fete _____   f) sak _____

g) lou _____   h) oiso _____

i) deu _____   j) jenvier _____

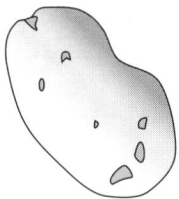

Dictée 6

**Demande à quelqu'un de te dicter les mots pour compléter ta dictée.
La dictée complète se trouve à la page 144.**

a) J'aime _____ mon chat.

b) Je lis _____ le soir avant de dormir.

c) J'adore dormir _____ mon amie Zoé.

d) Alex écoute _____ la radio.

e) Igor ne joue _____ aux échecs.

f) Les tigres rugissent _____ fort.

g) La pièce est éclairée _____ une chandelle.

h) La pomme _____ l'orange sont des fruits.

Recopie trois fois les mots que tu as mal écrits.

_____
_____
_____
_____
_____
_____

Exercices

Corrigé

TEST 1
Page 13
2. Mario et Maria sont partis en camping. Les moustiques les piquaient sans arrêt. De gros nuages sont apparus dans le ciel. Un violent orage a éclaté. L'eau s'est infiltrée dans la tente. Maria et Mario se sont réfugiés dans la voiture.

TEST 2
Page 17
1. a) couteau b) gauche c) domino
2. a) enveloppe b) dimanche
3. a) comique b) kimono c) jonquille d) chorale
4. a) souris b) alimentation c) prince d) suçon
5. a) habit b) acrobatie c) cerise d) syllabe
6. a) jardin b) gens
Page 18
1. Momo le cheval s'est enfui au gal**o**p pour aller rejoindre son jum**eau** qui broute près du ruiss**eau**. Un ois**eau** est perché sur son ép**au**le et lui pi**c**ore la p**eau**. Les deux frères ont ch**au**d. Ils s**au**tent par-dessus la barrière et vont rejoindre le taur**eau**, le s**au**mon r**o**se et l'agn**eau** qui se rafraîchissent dans l'**eau**. Vite, il faut rentrer, un **o**rage appr**o**che. Aussit**ô**t, ils se sauvent au tr**o**t pour se mettre à l'abri au ch**â**t**eau**.
2. Lors**qu**e je porte mon **k**imono orné de **ch**rysanthèmes pour aller à l'é**c**ole, mes amies sont vraiment impressionnées. Mais ce n'est rien en **c**omparaison du fils du **c**apitaine qui porte un tri**c**orne de **c**ouleur **k**aki. **Qu**el style !
3. chorale, chœur, chronomètre
Page 19
4. **An :** tante, durant, dimanche, janvier, blanche, maman, pantalon, orange, pendant, vacances, Francine.
En : dents, enveloppe, dents, absent, s'ennuyait, rentré, cent, penderie, pendant, l'argent, infiniment.
5. J'ai reçu en cadeau un cerf-volant qui vole haut dans le ciel.
Page 20
6. a) hygiéniste b) habit c) lit d) améthyste e) lys f) gris g) pharmacie
7. J'étais à la pla**g**e pour ramasser des coquilla**g**es quand tout à coup, **j**'ai eu mal aux **j**ambes et aux **g**enoux. Alors pour changer le mal de place, j'ai décidé de na**g**er. Tout à coup, **j**'aperçois mon père qui sillonne la pla**g**e au volant de sa **j**eep **j**aune. **J**e saute dans le véhicule re**j**oindre mon chien qui **j**appe de **j**oie. Nous allons au villa**g**e man**g**er un morceau de froma**g**e accompagné d'une oran**g**eade.

TEST 2.1
Page 21
1. panneau (C'est le seul mot qui ne contient pas de o.)

2. a) éléph**a**nt b) d**e**nt c) m**e**ntir d) **e**ncore e) ch**a**nter f) j**a**nvier
3. kiwi, kaki, kaléidoscope, karaté par exemple.
4. concombre (C'est le seul mot avec un c dur.)
5. a) sour**i**re b) bi**c**y**c**lette c) rall**y**e d) sour**i**s e) gr**i**s
6. janvier, jaune, jatte, japper, joie par exemple.
Page 22
1. mot mystère : joli
2. a) piment b) menton c) mandarine d) janvier e) dimanche f) océan
Page 23
3. **S :** salut, classe, savoir, glisse. **Ç :** leçon, maçon, façon, reçu. **T :** inertie, abréviation, acrobatie, péripétie. **C :** cigale, cigogne, racine, glace.
4.

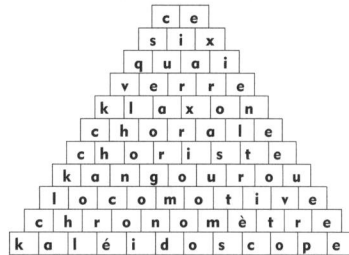

Page 24
5. Le marqu**is** Parad**is** a m**is** son hab**it** et a pr**is** son tr**ic**ycle pour aller vis**it**er son am**ie** Anna, qu**i** v**it** dans une cr**y**pte. Il lui a apporté un bouquet de l**ys** et de **c**y**c**lamens. Ils ont mangé un curr**y** avec du r**iz**.
6. mot mystère : jonquilles

TEST 3
Page 25
1. a) framboi**s**e b) pri**s**on c) **z**èbre
2. a) p**ei**gne b) ch**ai**se c) temp**ê**te d) étag**è**re
3. a) m**ou**lin b) n**ou**velle c) pel**u**che
4. a) m**ain** b) **in**cendie c) fr**ein**
5. a) chen**ille** b) scint**ille** c) chand**ail** d) épouvant**ail**
6. a) cha**tt**e b) autruche
Page 26
1. maison, absente, télévision, costume, jaser, castor, cerise, dentiste, chemise, ciseau, museau, fiston, présent, usine, juste.
2.

Page 27
3. Noémie se demande bien quoi **faire** pour sa **fête** d'**anniversaire**. Elle **rêve** d'inviter toute sa bande

d'amies à La Ronde, mais sa **mère** trouve que ça coûte trop **cher**. Alors, elle décide d'organiser quelque chose qui sort de l'**ordinaire**.

Elle prépare un pique-nique qui aura lieu sous le **chêne près** de la **rivière**. Noémie se déguisera en **reine** et elle demandera à **ses** amies de se **vêtir** en **sorcières**. Sa **marraine**, qui **est cuisinière**, préparera une salade avec **des pêches**, du **raisin** et **des fraises**. Noémie **est certaine** qu'elles auront beaucoup de **plaisir**.

4. 1. hibou 2. kangourou 3. loup 4. genou 5. rouge 6. mouton

Page 28

5. a) Dem**ain**, je prends le tr**ain** avec mon cous**in**. J'apporte un bouqu**in**, de la p**ein**ture, un morceau de p**ain** et mon s**in**ge en peluche. b) Ce mat**in**, j'ai pris mon b**ain** avec mon dauph**in** en plastique après avoir joué dans le jard**in**.

6. a) rail b) béquille c) médaille d) bataille e) jonquille f) coquillage g) épouvantail h) croustilles i) aiguille j) cheville

TEST 3.1
Page 29

1. **è** : étagère, liège ; **ei** : baleine, neige ; **ai** : fontaine, baignade ; **ê** : tempête, rêver

2. **prison** casquette **cousine mesure** autobus

3. a) s**in**ge b) mat**in** c) dem**ain** d) p**ein**ture

4. a) bou**t**eille b) cloche**tt**e c) caro**tt**e e) cha**tt**e

5. a) b**ill**e b) van**ill**e c) chanda**il** d) éventa**il**

Page 30

1. a) fraise b) chaise c) neige d) mère e) rivière f) forêt g) baleine h) tête i) capitaine j) crinière k) bouteille

2. Promenons-n**ou**s dans les bois
pendant que le l**ou**p n'y est pas
si le l**ou**p y était
il n**ou**s mangerait
mais comme il n'y est pas
il ne n**ou**s mangera pas
L**ou**p y es-tu ? Entends-tu ? Que fais-tu ?

Page 31

3. **In** : fin, marin, cinq, lutin ; **Ein** : atteindre, geindre, feindre, ceinture ; **Ain** : humain, bain, ainsi, certain.

4. 1. noisette 2. tablette 3. violette 4. chouette 5. assiette 6. goutte

Page 32

5. Mot mystère : coquillage

6. a) boule, houle, nous b) fin, bain, peint c) rêve, mais, fête

TEST 4
Page 33

1. a) **eff**ort b) élé**ph**ant c) **f**leur

2. a) n**ez** b) béb**é** c) écoli**er**

3. a) **f**eu b) c**œur**

4. a) ja**m**be b) déce**m**bre c) ga**n**t

5. a) g**â**teau b) bateau c) ch**â**teau d) f**ê**te

6. a) crapau**d** b) bra**s** c) **h**ibou d) soi**e**

Page 34

1. dîner, drôle, fenêtre, brûler, bâton, aussitôt, arrêter, hôpital

2. a) décembre b) jambe c) pompier c) chant d) lampe e) dimanche

3. Les intrus sont lentilles, piment et oranges

Page 35

4. **eu** : cheveu, amoureux, odeur, deux, pleurer ; **œu** : œuvre, sœur, bœuf, cœur, œuf.

5.

Mot	Loup	Lit	Gars
Air	Huit	**Journal**	Gant
Avion	**Brebis**	**Regard**	Gros
Kiwi	**Chat**	Ballon	Joli
Bébé	**Blanc**	Cadeau	Mignon
Chien	**Crapaud**	**Scie**	**Tapis**

Page 36

6. **f** : définition, girafe, fruit, carafe ; **ff** : coffret, chauffer, biffer, bouffon ; **ph** : orphelin, alphabet, nénuphar, phoque.

7. a) cinéma b) océan c) janvier d) nez e) téléphone

8. Ouv**rez** votre livre à la page 50. Pre**nez** votre crayon bleu et souli**gnez** tous les noms de fruits. Ensuite, dessi**nez** votre fruit préféré.

TEST 4.1
Page 37

1. Le **phoque** et le **dauphin** nagent dans l'eau. J'ai pris une photo d'un **éléphant** affamé.

2. a) dîner b) août c) être d) flûte

3. a) **h**ibou b) chocola**t** c) gri**s**

4. Oh maman, j'ai mal au c**œur**
C'est ma s**œur** qui m'a fait **peu**r.
Dans la rue des trois coul**eur**s.

5. a) ensemble b) compote c) trompette

6. V**enez** voir le h**é**risson qui veut cach**er** ses b**é**b**é**s sous le peupli**er**.

Page 38

1. a) âne b) goût c) boîte d) chêne e) côte f) croûte g) fraîche h) hôtel i) tempête j) théâtre

2. Mot mystère : camp

Page 39

3. **er** : regarder, écolier, cahier, jouer ; **ez** : mangez, marchez, rêvez, voulez ; **é** : carré, étoile, écolier, santé, génie.

4.

138

Page 40

5.

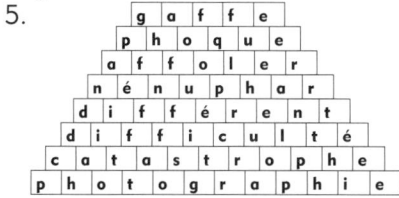

6. a) Ma sœur fait un vœu. b) Mon professeur est à l'intérieur. c) J'ai peur du bœuf.

TEST 5
Page 41

1. ballon, cheval, film, matin, merci, pinceau
2. a) g b) t c) o d) l
3. a) CJPT b) DMRU c) AFQS d) BNOP
4. a, e, i, o, u, y

Page 42

2. a) a b **c** d b) j **k** l c) **m** n o p
3. a) I G S Q b) L V W K c) N T Y B d) O H X D
4. ijkl

Page 43

6. Bas, bille, blanc, bouche

Page 44

8. **U**n cr**o**c**o**dile s'en **a**llant **à** la **g**uerre
dis**ai**t **a**d**ie**u **à** ses petits **e**nfants
tra**î**nant l**a** q**u**eue, la q**u**eue
dans la p**ou**ss**i**ère
il s'en **a**llait combattre les élé**ph**ants
Ah les cr**o**cr**o**cro, les cr**o**cr**o**cro, les cr**o**codiles
sur les b**o**rds d**u** Nil **i**ls s**o**nt partis n'en parlons plus
Ah les cr**o**cr**o**cro, les cr**o**cr**o**cro, les cr**o**codiles
sur les b**o**rds d**u** Nil **i**ls s**o**nt partis n'en parlons plus
9. a) c**i**tron b) aut**o** c)jamb**e** d) princess**e** e) t**u**lipe f) v**a**lise
10. **Départ**

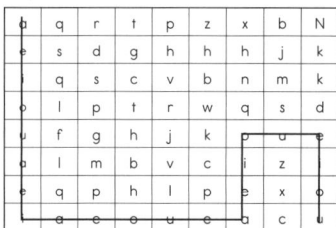

Arrivée

TEST 5.1
Page 45

1. a) oui b) non c) oui
2. a) vrai b) faux c) faux d) vrai
3. non, l'ordre est a, e, i, o, u

Page 46

1. a) ordinateur b) Internet c) cédérom d) souris
e) écran f) logiciel g) clavier

Page 47

2. banane, brocoli, carotte, cerises, concombre, melon, poivron, pomme
3. a) accès b) cru c) mot d) ils ou lis e) film f) fort g) fou
h) dit

Page 48

4.

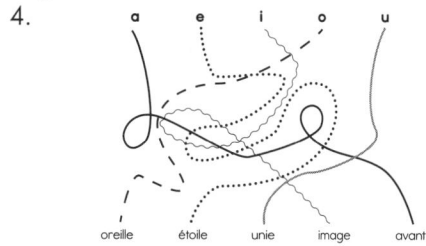

oreille   étoile   unie   image   avant

TEST 6
Page 49

1. a) <u>Ma mère</u> est <u>ingénieur</u>. b) <u>Mon frère</u> est en <u>deuxième année</u>.
2. <u>Marie-Ève</u> concierge <u>Laval</u> <u>Canada</u> banane
3. a) Ils adorent la récréation. b) Il fait de beaux dessins.
4. a) Le ou un b) La ou une c) Les ou des
5. <u>dauphins</u> crapaud <u>écureuils</u> <u>chevaux</u> vache
6. a) heureuse b) femme c) grosse d) haute

Page 50

1. a) Lucie cueille une marguerite. b) Mars est une planète. c) Mon oncle a gagné un voyage. d) Son chien est malade.
2. a) Le singe hurle très fort. b) Le magicien est très bon. c) Mon frère joue au hockey.
3. Mon nom est **J**acques. Lorsque je serai grand, je veux être un explorateur et visiter des pays comme l'**É**gypte ou le **M**exique pour découvrir des trésors cachés. Mon ami **J**ean-**P**aul qui veut m'accompagner regarde dans l'atlas qu'il a reçu pour Noël d'autres endroits que nous pourrons visiter.

Page 51

4. **Ma** mère m'a donné **un** chien pour **mon** anniversaire. C'est **un** chiot alors il dort dans **sa ou une** cage. **Le ou mon** chat a peur et il se cache sous **le** canapé.
5. a) Le ou un b) Le ou un c) Les ou des d) La ou une e) La ou une f) Un ou l'
6. a) chansons b) légumes c) princes d) trompettes e) rivières f) œufs
8. <u>Je mange des prunes</u>. **ou** Je mange des prune.

Page 52

9. a) crayons b) Mes enfants c) Sandrine
10. a) une b) une c) un d) un
11. a) policière b) reine c) princesse d) heureuse e) magicienne f) froide

TEST 6.1
Page 53

1. a) Les garçons achètent des patins à roues alignées. b) Ma sœur et moi aimons la musique.
c) Les filles nagent dans la rivière.
2. Alain, Paul, Mlle Desbiens, Angleterre
3. Adrien
4. demain
5. ballon, hiver
6. folle, fromage

Page 54

2. a) <u>Martin</u> fait <u>un feu.</u> b) <u>Martine</u> mange <u>un melon.</u>

4. petit une <u>pomme</u> un <u>hamster</u> je mange

5. manger <u>Carole</u> <u>Mexique</u> grande monsieur <u>Caron</u> la tête jamais le chien

6. Canada **A**lgérie **E**spagne Italie **R**ussie

Page 55

7. Depuis que <u>je</u> suis tout petit, <u>je</u> rêve d'avoir un cheval. Ma mère ne veut pas. <u>Elle</u> dit qu'<u>il</u> serait malheureux de vivre au quatrième étage d'un édifice à logements. <u>Moi</u>, <u>je</u> crois que <u>nous</u> serions bien. <u>Je</u> lui ferais faire des promenades tous les jours. Et <u>toi</u>, qu'en penses-<u>tu</u>?

8. a) Je lis une bande dessinée. b) Nous allons jouer dehors. c) Ils dansent le hip hop. d) Vous avez réussi votre examen.

9. a) Mon, ton, son, ce, un, le b) Ma, ta, sa, cette, une ou la c) Ma, ta, sa, cette, une ou la d) Le, un ou ce e) Mon, ton, son, ce, un, le f) Mon, ton, son, ce, un, le g) Ma, ta, sa, cette, une ou la h) Mon, ton, son, ce, un, le i) La, une ou cette j) Mon, ton, son, ce, un, le k) Ma, ta, sa, cette, une ou la l) Ma, ta, sa, cette, une ou la

Page 56

10. devoirs : masc. plur. foulard : masc. sing. tomate : fém. sing. saumons : masc. plur. motoneige : fém. sing. raquettes : fém. plur. reine : fém. sing. rois : masc. plur. tente : fém. sing. vedettes : fém. plur. cinéma : masc. sing. écureuils : masc. plur. bicyclettes : fém. plur. ballons : masc. plur. tableaux : masc. plur. chaise : fém. sing. assiettes : fém. plur.

TEST 7
Page 57

1. J'ai mis mon <u>petit</u> manteau <u>rouge</u> pour affronter la pluie <u>abondante</u> qui tombe du ciel <u>gris</u>.

2. a) Le ciel est rempli d'étoiles brillantes. b) Un gros arbre pousse dans ma cour.

3. a) déteste b) neuve

4. a) nuit b) pareil c) noir d) femme

5. a) vent b) porc c) blanc d) rouge e) rose f) comédie

Page 58

2. a) Je regarde un excellent film à la télévision. b) J'adore ma bicyclette rouge. c) J'ai reçu un beau cadeau pour mon anniversaire. d) J'ai eu un examen difficile.

3. a) Je suis très fort, heureux ou gentille. b) Mon frère est fort ou heureux. c) Le ciel est bleu. d) C'est un enfant fort ou heureux.

Page 59

4. facile et difficile; déçu et content; heureux et malheureux; grand et petit; bon et mauvais; comique et triste.

5. 1. forte 2. froid 3. ouvert 4. dedans 5. dernier

6. sans 7. laid

Page 60

6. a) lion b) porc c) ours d) renard e) baleine f) éléphant g) louve h) chat

7. a) grandeur, grandir ou grande b) théière

c) automobile d) gouttelette e) blanche ou blancheur f) dentier, dentiste ou dentifrice g) deuxième h) année

8. signalisation et signal; pharmacien et pharmacie; comédien et comédie; boucherie et boucher; chaton et chat; romancier et roman.

TEST 7.1
Page 61

1. <u>joyeux</u> <u>bon</u> salut <u>courte</u> balai

2. a) m b) f c) m d) f e) m f) f

3. a) féminin b) dur c) monter d) visible e) vide f) bonheur

4. fleur**iste** bleu**et** cane**ton** rouge**ole** signal**isation**

Page 62

1. **Pablo** : mauvaise humeur, cheveux foncés, cheveux courts, grand. **Juanita** : jolie robe, cheveux longs, bonne humeur, cheveux frisés.

2. a) + b) - c) - d) + e) + f) - g) + h) + i) - j) + k) + l) -

Page 63

4. 1, 2, 5, 6, 8

5. a) *faible* est le contraire de *fort* b) *baisser* est le contraire de *monter* c) calmer est le contraire de *exciter*.

Page 64

6.

7. Contient un petit mot : jardiner, literie. Ne contient

E						F				
U		C	H	I	V	E	R	N	A	L
R		I				O				
E		N		L	A	I	D	E	U	R
U		E				D				
S	O	M	M	E	I	L	U			
E		A				R				
M		T	R	O	I	S	I	E	M	E
E		H								
N		E								
T		Q								
		U								
		E								

pas de petit mot : lampe, lundi, mardi, tube

TEST 8
Page 65

1. a) présent, b) futur c) présent d) passé

2. b) Je me demande si c'est une action.

3. <u>manger</u> <u>dormir</u> chèvre <u>chercher</u>

4. a) Je mange une glace au chocolat. b) Il mange peu. c) Tu manges un fruit.

Page 66

1. a et d

2. a) Je dessine une maison verte et rouge. b) Vous jouez bien au baseball. c) J'escalade une montagne. d) Il pleut fort aujourd'hui.

Page 67

5. a) Mon <u>père</u> peint la cuisine. b) Le <u>jardinier</u> arrose les fleurs. c) Je tape <u>un texte</u> à l'ordinateur. d) La <u>directrice</u> sonne la cloche pour la récréation. e) Mélanie dévale la pente à toute vitesse.

6. Le boulanger se <u>lève</u> tôt le matin. Il <u>pétrit</u> la pâte pour le pain et la <u>met</u> au four. Les clients <u>sont</u> contents de <u>manger</u> du bon pain chaud.

Page 68

8.a) Le loup a un odorat très développé. b) Le lion dort vingt heures par jour. c) Le chimpanzé dort avec sa mère jusqu'à l'âge de cinq ou six ans. d) Le panda mange du bambou.

9. a) saute b) travaille c) invite

TEST 8.1
Page 69

1. a) J'aime jouer dehors. b) Je brosse mes dents après chaque repas. c) Je lave mes cheveux régulièrement.

2. Mathieu <u>fait</u> sa part pour l'environnement. Il <u>recycle</u> au lieu de <u>jeter</u>. Il <u>dépose</u> les contenants de verre, le papier et les boîtes de conserve dans le bac de recyclage. Il <u>écrit</u> des deux côtés de la feuille. Il <u>récupère</u> les rouleaux de papier essuie-tout, les boîtes de céréales, les contenants de lait et de jus pour <u>bricoler</u>. Mathieu <u>éteint</u> les lumières lorsqu'il <u>quitte</u> une pièce. Il ne <u>pollue pas</u>, il <u>jette</u> ses déchets à la poubelle.

3. a) Madeleine enseigne en deuxième année.
b) Ma mère peint de beaux paysages.

Page 70

1. Je rêve souvent d'une vilaine sorcière qui chante d'horribles chansons. Je ne peux pas me sauver, mes jambes **sont** comme du plomb. Elle me **casse** les oreilles et j'ai peur. Je me réveille et j'**appelle** mes parents. Ils me rassurent en me disant que c'était un cauchemar et que les sorcières n'**existent** pas. Je **pense** à de belles choses et finalement, je m'endors heureux.

2. a) donner, manger, dormir b) pouvoir, ouvrir, rêver c) jouer, parler, demander

Page 71

3. 2, 5, 6, 8

4. a) présent b) futur c) passé d) passé e) présent

Page 72

6. **Hier** : J'ai dormi. Il a marché. Nous avons suivi. Il a mangé. Elle a dormi. Nous avons écouté.

Aujourd'hui : Tu ris. Tu vois. Il sent. Je chante. Vous dansez. Je cours.

7. a) Amélie fait un gâteau. b) Peter fait du vélo. c) Je fais de la peinture. d) Tu fais de la musique.

TEST 9
Page 73

1. b) car il manque le point ou la majuscule dans les autres phrases.

2. oui

3. oui

4. a) point b) point d'exclamation c) point d'interrogation

Page 74

1. Dans les phrases a et b, il manque le point. Il manque la majuscule et le point dans la phrase c. Le *m* au début de la phrase d doit être majuscule.

2. 14 phrases

3. «Quelle magnifique exposition ! s'exclame Natacha en sortant de l'exposition des œuvres de Picasso. Je n'ai jamais vu de peintures aussi belles ! Je suis vraiment contente d'être venue au musée aujourd'hui. »

Page 75

4. a) Carl range sa chambre. b) Émile collectionne les timbres. c) Délia participera aux Jeux olympiques. d) Kimberly travaille à la bibliothèque.

5. Les phrases a et d sont interrogatives.

6. Les phrases b et c sont négatives.

Page 76

8. a) Marie-Soleil ne marche pas pour aller à l'école. b) Paul ne porte pas des lunettes. c) La directrice ne surveille pas les élèves à la récréation. b) Le concierge ne fait pas le ménage.

TEST 9.1
Page 77

1. L'autre so~~X~~ mon amie Sophie a été voir un~~X~~ pièce de théâtre. La pièce racontait l'histoire d'un peti~~X~~ garçon qui rêvait de se transforme~~X~~ en oiseau afin de pouvoir voler dans le ciel.

2. Les éléphants s'arrosent avec leur trompe.

3. Faux, il n'y a pas de point.

4. a) Quelle belle journée ! b) As-tu un cours d'anglais aujourd'hui ? c) Mon amie Aurélie est malade.

Page 78

1. **(1)** Nathan met ses bottes. **(2)** Il ouvre la porte et va jouer dehors. **(3)** Il fabrique un bonhomme de neige. **(4)** Il boit un bon chocolat chaud pour se réchauffer.

2. Le chat miaule. Le cochon grogne. Le mouton bêle. Le loup hurle. Le chien aboie.

3. a) Sonia n'a pas oublié son cartable. b) Brandon ne porte pas un beau costume d'Halloween.

Page 79

4. N'importe quel des trois prénoms peut commencer la phrase. Lorenzo observe les oiseaux. Germain se balance dans le parc. Laurence joue au soccer.

5. Deux phrases

7. Un point, un point d'exclamation ou un point d'interrogation.

8. **L**e père de Jamil décide de repeindre le salon. **I**l enlève d'abord tous les cadres et bouche les trous. **I**l couvre les meubles et les planchers pour ne pas les salir avec la peinture. **I**l lave les murs avant de commencer à peinturer.

9. Ils ne chassent pas les papillons. Est-ce qu'ils chassent les papillons ?

TEST 10
Page 81

1. nord, sud, est, ouest

2. a) sur b) sous c) derrière

3. lundi, mardi, mercredi, jeudi, vendredi, samedi, dimanche

4. janvier

5. le soir

6. le printemps, l'été, l'automne, l'hiver

Page 82

1.

2. est

3. lundi, mardi, mercredi, jeudi, vendredi, samedi, dimanche

4. janvier

5. le soir

6. le printemps, l'été, l'automne, l'hiver

Page 83

4. lundi, mardi, **mercredi**, jeudi, **vendredi**, samedi, **dimanche**

6. décembre

7. janvier, **février, mars**, avril, **mai**, juin, **juillet**, août, **septembre, octobre**, novembre, **décembre**

Page 84

9. Se mettre au lit pour la nuit.   Le soir
Quitter la maison pour l'école.   Le matin
Jouer dehors à la deuxième récréation.   L'après-midi
Dîner.   Le midi

10. a) matin b) le soir ou l'après-midi c) le soir

11. a) été b) automne c) printemps d) hiver

12. a) mars b) juin c) septembre d) décembre

TEST 10.1
Page 85

1.

2. a) La fourchette se place à gauche de l'assiette.
b) Le couteau se place à droite de l'assiette.

3. vendredi

4. juin

5. en fin d'après-midi

6. été

Page 86

1. Les points cardinaux servent à s'orienter.

2. a) Faux b) Vrai c) Vrai d) Faux

Page 87

4. a) mercredi, jeudi et dimanche b) vendredi c) lundi

5. a) dimanche b) vendredi c) lundi d) mercredi

6. 1 – janvier, 2 – février, 3 – mars, 4 – avril, 5 – mai, 6 – juin, 7 – juillet, 8 – août, 9 – septembre, 10 – octobre, 11 – novembre, 12 – décembre

Page 88

7.

8. a) été b) hiver c) automne d) printemps

TEST 11
Page 89

1. main

2. La vue et les yeux; l'odorat et le nez; le goûter et la langue; le toucher et les mains; l'ouïe et les oreilles.

4. grands-parents

5. Des chaussures de sport, des espadrilles.

6. mécanicien ou garagiste

Page 90

1. 1.sourcil 2. œil 3. nez 4. bras 5. main 6. jambe

7. orteil 8. joue 9. oreille 10. bouche 11. épaule

12. doigts 13. genou 14. pied

2. **Salés**: croustilles, fromage, etc. **Sucrés**: gâteau, chocolat, etc. **Surs**: vinaigre, citron, etc.

Page 91

3. a) peur b) joie c) tristesse d) colère

Page 92

5. a) botte b) chapeau c) souliers d) chemise
e) manteau f) gant g) tuque h) robe i) jupe
j) pantalon k) pantoufle l) mitaine

6. a) boulanger ou boulangère b) couturier ou couturière c) médecin d) enseignant ou enseignante e) écrivain ou écrivaine f) cultivateur ou cultivatrice g) illustrateur ou illustratrice h) policier ou policière i) pompier ou pompière.

TEST 11.1
Page 93

2. La vue

3. des émotions

4. tante

5. a

6. a) un vendeur ou une vendeuse b) architecte c) un boucher ou une bouchère

Page 94

1.

	Bras	Main	Jambes	Pieds	Tête
Jouer au soccer			x	x	x
Lancer un ballon	x	x			
Résoudre un problème de math					x
Laver la vaisselle	x	x			
Dessiner	x	x			
Courir			x	x	

2.

	Ouïe	Odorat	Toucher	Goûter	Vue
Raisins		x		x	
Étoile					x
Gâteau		x		x	
Flatter un chat			x		
Cloche	x				
Vinaigre		x		x	

Page 95

3. a) joie b) peine c) peur d) l'inquiétude

4. a) cousins et cousines b) tante c) grands-parents d) oncle e) père f) frères et sœurs g) neveu ou nièce h) mère

Page 96

5. culotte, habit, habit, bas, bas

TEST 12
Page 97
1. a) quinze b) vingt c) douze c) dix
2. clavier
3. casque
4. planche à neige
5. fruits et légumes, viandes et substituts, produits céréaliers, produits laitiers
6. train, auto, autobus, métro, bicyclette, la marche, etc.
7. jaune
Page 98
1. 5 : cinq ; 31 : trente et un ; 8 : huit ; 1 un ; 27 : vingt-sept ; 50 : cinquante ; 44 : quarante-quatre.
2. 1. webcaméra 2. écran 3. clavier 4. lecteur CD/DVD 5. haut-parleurs 6. souris 7. tapis de souris
Page 99
3. 1. bouclier 2. bâton 3. masque 4. mitaine
5. jambière 6. patins
4. a) viandes et substituts b) fruits et légumes c) produits céréaliers d) produits laitiers
Page 100
5. a) autobus b) métro c) avion d) bateau e) train f) vélo g) auto

TEST 12.1
Page 101
1. a) vingt et un b) cent c) soixante c) trente-neuf
2. une internaute.
4. beurre d'arachide, jambon, poisson, bœuf
5. le vélo, la marche ou encore le transport en commun (autobus, métro)
6. a) jaune b) vert c) bleu d) rouge e) brun f) noir
Page 102
1. a) 3 b) 7 c) 51 d) 73 e) 99 f) 80 g) 77 h) 1
2. a) courriel b) logiciel c) Internet d) clavardage e) site Internet
3. a) souris b) écran c) imprimante d) clavier
Page 103
4. 1. frein 2. selle 3. porte-bagages 4. roue
5. dérailleur 6. guidon 7. pneu 8. pédale
5. **Fruits et légumes** : brocoli, carotte, fraise, pomme ; **Viandes et substituts** : steak, poisson, poulet, œufs ; **Produits céréaliers** : macaroni, riz, pain, muffin ; **Produits laitiers** : lait, yogourt, fromage, crème glacée
Page 104
6. train et gare ; avion et aéroport ; hélicoptère et héliport ; paquebot et port ; voilier et marina

TEST 13
Page 105
1. cadeau et château ; jonquille et quille ; garçon et leçon ; lunettes et trompette ; trottoir et voir ; carotte et marmotte ; amoureux et joyeux ; août et loup
2. a) laid b) lait
3. **Souvent**, le soir, **quand** je n'arrive pas à dormir, je me cache **dans** le placard et je lis, éclairé **par** ma lampe de poche.

Page 106
1. **Le dromadaire**
Avec ses quatre **dromadaires**
Don Pedro d'Alfaroubeira
Courut le monde et **l'admira**.
Il fit ce que je voudrais faire
Si j'avais quatre dromadaires.
Page 107
3. a) beaucoup b) souvent c) chez d) parfois e) jamais f) très g) par h) comme
Page 108
4. a) ver b) mère c) coup d) pain e) eau f) chant g) encre h) cent
Page 109
1. a) matin, pain, main, etc. b) janvier, cahier, manger, etc. c) mardi, midi, minuit, etc. d) un, parfum, brun, etc. e) poulet, boulet, bracelet f) mouton, garçon, potiron, etc.
2. **À ma mère**
Ô toi, dont les soins prévoyants,
Dans les sentiers de cette vie
Dirigent mes pas nonchalants,
Ma mère, à toi je me confie.
Des écueils d'un monde trompeur
Écarte ma faible nacelle.
Je veux devoir tout mon bonheur
À la tendresse maternelle.
3. a) **Voici** ma meilleure amie. b) Il ne faut **jamais** dire « Fontaine, je ne boirai pas de ton eau. »
c) Je croyais **pourtant** avoir fermé la lumière.
4. sot
Page 110
a) Roméo b) tapis c) content d) félicite e) chaussures f) fatigué g) foyer
Page 111
3. a) pour b) jamais c) souvent d) et e) par
Page 112
4. 1. quand 2. point 3. cent 4. aile 5. foie 6. voix
7. son 8. encre 9. dent 10. se 11. sept 12. an

TEST 14
Page 113
1. a) Elles mangent une grande quantité d'insectes.
b) mordent c) deux, quatre, six ou huit d) 35 000
Page 114
1. a) 2 mètres b) rouges c) en jus, en concentré et en gelée d) atoka ou ataca e) en vitamine C
Page 115
2. b) 2 c) 8 d) 7 e) 1 f) 5 g) 3 h) 6
Page 116
3. a) Il prépare le petit-déjeuner b) Le jour de l'Halloween c) En sorcière d) En fantômes e) peur

TEST 14.1
Page 117
1. a) léopard des neiges b) abominable homme des neiges c) 3 mètres

Page 118
1. a) 250 ml b) pain c) 5 cm
Page 119
2. a) 9 à 10 heures b) fruits, légumes, lait, pain, poisson, viande, etc. c) Avant et après les repas
e) Les aliments très gras et très sucrés
Page 120
a) 22 b) 1881 c) 2,52 mètres d) Joseph Édouard
Page 121
Test 15
1. a) Les Lilliputiens b) Vers l'Angleterre c) Des vaches et des moutons miniatures d) 8 cm e) Attaché
Page 122
1. a) À un phoque b) Une goutte de sang c) Gris d) Neuf mètres
Page 123
2. a) Il les arrose b) Ils ont perdu.
Page 124
3. Tu es invitée à la fête de Mahée
   Date : 15 avril Heure : 16 heures
   Apporte ton sac de couchage et ton oreiller
   Nous regarderons des films et mangerons de la pizza, du maïs soufflé et des chips.

TEST 15.1
Page 125
1. a) 1310 b) 23 c) 5 d) 12 janvier 2004 e) 5
Page 126
1. a) D'un vizir b) 1001 nuits c) *Ali Baba et les quarante voleurs, Sinbad le marin et Aladin et la lampe magique* d) Il tomba amoureux de Shéhérazade et l'épousa.
Page 127
2. a) La tarentule dans tous ses états b) Montréal c) Les légumes e) Le destin tragique du cheval de cirque f) Soccer L'Angleterre contre l'Italie
Page 128
3. La vie et la carrière de Julie Aubin

TEST 16
Page 129
Dictée 1
Malina a placé le **couteau** à **gauche** de l'assiette comme sa **maman** le lui a appris. Elle a également décoré la **table** avec un vase de **jonquilles** jaunes. Sa **tante** Francine, son **oncle** Mario, ses grands-parents, sa **cousine** Amy, son cousin Mathieu, son **frère** et ses parents seront présents. C'est l'anniversaire de Malina. Elle a **huit** ans. Elle espère recevoir en **cadeau** le kimono **vert** qu'elle vu au magasin. Elle a tellement hâte que son **visage** est tout **rouge**. Joyeux anniversaire chère **amie !**
Page 130
Dictée 2
Hier après le dîner alors que je lisais dans ma **chambre**, j'ai senti une drôle d'odeur. Je me suis approché de la **fenêtre** et là j'ai vu un **garçon** qui faisait brûler un **bâton** de bois. Aussitôt, j'ai couru prévenir mes parents. Mon **père** lui a demandé d'arrêter ce **jeu** dangereux s'il ne voulait pas se blesser et aller à **l'hôpital**. Le garçon a bien compris les avertissements de mon père. Ouf, tout est bien qui finit bien !
Page 131
Dictée 3
Les **éléphants**, les **girafes**, les **dauphins** et les **singes** vivent au zoo près de chez **moi**. Le **soir**, je les entends pousser des cris. Je me demande bien ce qu'ils essaient de raconter.
Hier, j'ai vu une **étoile** filante et j'ai fait un **vœu**. J'ai appris à reconnaître les lettres muettes dans les mots. Par exemple, le s de **souris**, le h de **hibou** et le d de **renard** ne se prononcent pas.
Page 132
Dictée 4
1. a) **Je** lis une bande dessinée. b) **Nous** allons jouer dehors. c) **Ils** dansent le hip hop. d) **Vous** avez réussi votre examen
2. a) Mes yeux sont **bruns**. b) J'ai les cheveux **longs** et **bouclés**. c) Ils sont **blonds**. d) Je suis **grande**. e) Je suis très **gentille**.

TEST 16.1
Page 133
1. a) enfant b) ville c) carotte d) prince e) joli f) roue g) table h) doux i) animal j) vite
2. a) livre b) jambon c) dessin d) fruit e) jeudi f) train g) plus h) photo i) tomate j) étoile
Page 134
Dictée 5
a) Carl range sa **chambre**. b) Émile collectionne les **timbres**. c) Kimberly **travaille** à la bibliothèque.
d) J'ai acheté un **chapeau** rose. e) C'est une **journée** brumeuse. f) Le **printemps** est arrivé. g) Je n'aime pas la **pluie**. h) L'automne **n'est pas** arrivé. i) L'**été** est ma saison préférée.
Page 135
1. a) histoire b) laid c) lecture d) musique e) mot f) papier g) vent h) chien i) tante j) couleur
2. a) chapeau b) patate c) froide d) légume e) fête f) sac g) loup h) oiseau i) deux j) janvier
Page 136
a) J'aime **beaucoup** mon chat. b) Je lis **souvent** le soir avant de dormir. c) J'adore dormir **chez** mon amie Zoé. d) Alex écoute **parfois** la radio. e) Igor ne joue **jamais** aux échecs. f) Les tigres rugissent **très** fort. g) La pièce est éclairée **par** une chandelle. h) La pomme **comme** l'orange sont des fruits.